石たちの棲《す》む風景

物語に出会う旅

落山泰彦

澪標

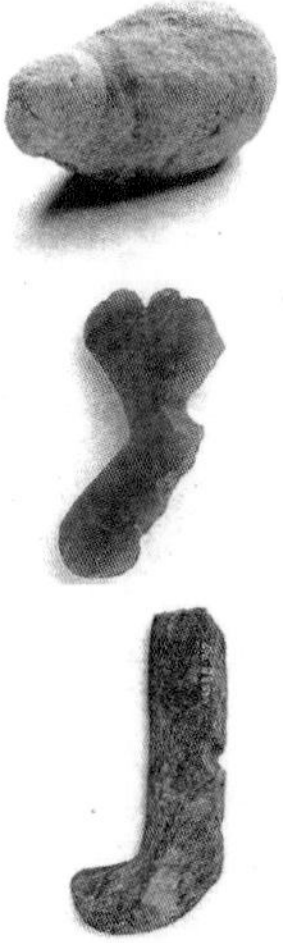

1万年前の石製品

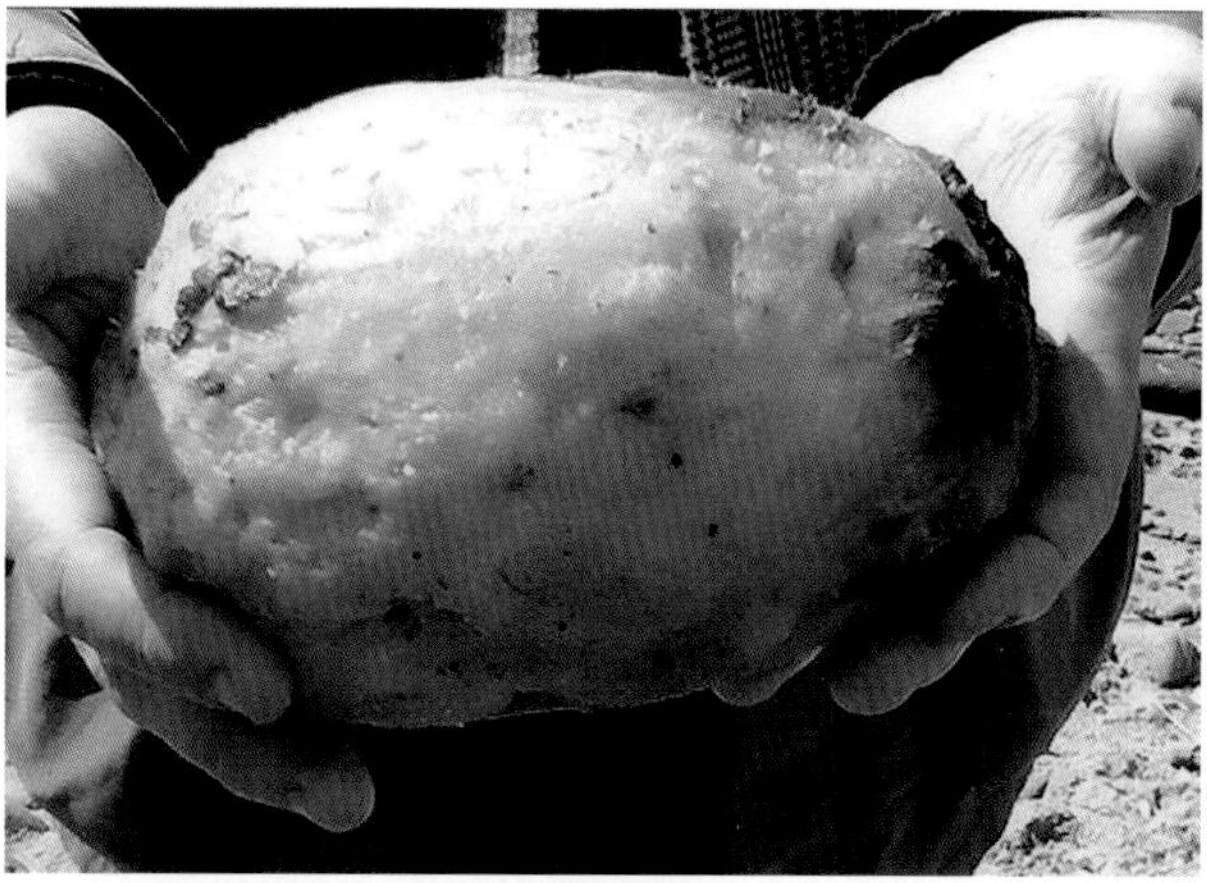

竜涎香《りゅうぜんこう》

万治《まんじ》の石仏

サルナート・釈尊初転法輪の地

迎仏塔

初転法輪寺

ガンガ(ガンジス河)

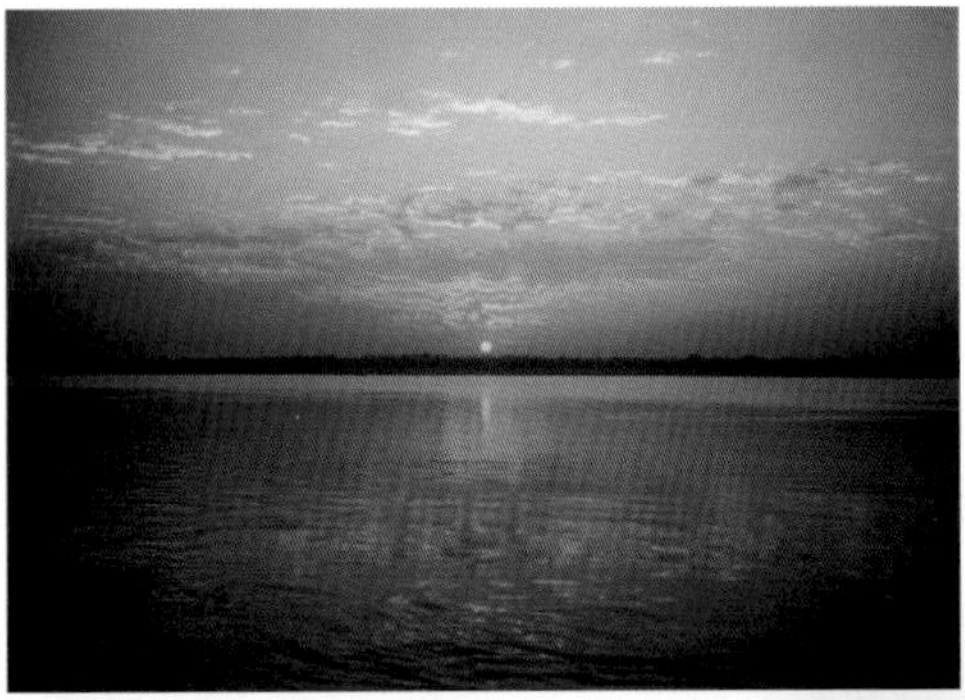

ガンガの夜明け

ガンガの沐浴風景

霊地・莫高窟《ばっこうくつ》

交脚《こうきゃく》弥勒《みろく》菩薩《ぼさつ》

第45窟の阿難像。写真 ユニフォト

敦煌招来品（スタイン収集）

大英博物館蔵　日本開催の展示図録より

仏伝図：仏の七宝
九龍による灌水
七歩

文殊菩薩像

シルクロード 鳴沙山《めいさざん》

石たちの棲《す》む風景
——物語に出会う旅——

目次

V

物語に出会う旅

Ⅵ　臼杵《うすき》の石窟《せっくつ》

Ⅶ　中国の石窟

装幀　森本良成

はじめに

この『石たちの棲《す》む風景』で、『石語り人語り』、『石を訪ねて三千里』に続いて、私なりに構想していた三部作の最後となった。

硬い石の話を軟らかくして、いかに面白い話にするか、ここは工夫のしどころであるが、残念ながらにわか文士であるため、どれだけ読者の期待に答えられるか、甚《はなは》だ心もとない。

読者からの便りによると「毎晩寝る前に少しずつ読んでいます」とか、「電車の中で読んでいます」とか、リラックスして読んで頂いている方が多いので、何よりと思っている。

ともあれ小学生から百歳のおじいさんおばあさんにいたるまで広く読んでもらえたら、と欲ばりなことを考えて書き継いできた。読みづらい漢字には出来るだけ多くルビをふったり、少し難しい語句にはページの左端に注釈を入れておいた。又、民話等の一部は文章にやさしさを出すため、「ですます調」にして、敢えて全文を「である調」では統一していないので、そこもまたご承知おきいただければ幸いだ。

また、サブタイトルを―物語に出会う旅―としているが、物語といってもここでは民話、伝説、伝記、神話、それから小説、戯曲、お経、コーラン等、何でもありということになっている。

石と岩などについても厳密に区別せず、各種の石造建築物の遺跡や史跡もみな石の世界と見なして書き進めた。

それにしても私自身も高齢になって、最近は小さい頃の思い出がひとしおなつかしく、その一方で生老病死の四苦を身近な問題として考えるようになってきた。お釈迦さんの話などは僧でもない私では僭越《せんえつ》とは思いつつ、有名学者や先達の書物に目を通して書いている。理解の届かないところも多々あろうが、大目に見て頂ければ幸いだ。

最後まで読んで頂けることを念じつつ。

I

石と蟬《せみ》と老い

（一）石と私

石は黙ってものを言うと詩人は詠んだ。

私は古里の山路を歩き、蟬の声がしみこんでいると思われる岩を見つけると、静かに耳をあててみた。その日も何か呟《つぶや》いているようだった。心を澄ませて聞いてみると、なにか私の幼い頃の話をしてくれている気がしてきた。

思えば私も石とともに育ってきた。

小学校からの帰り道、舗装していないその頃の田舎道では石がいくらでも転がっていた。あるとき火の見矢倉の半鐘目がけて友と石を投げる。とうとうその辺りの石はみんな投げてしまった。最後の一発だ。カーンと快く鳴り響き、あたりの静寂を破った。

早く帰ろう、見つかるとヤバい、近くに駐在所があるが、お巡りの居ないのを確かめてやっていたのだから心憎いガキ共だった。

ルンペンが川で身体を洗っていた。

そこへも悪童が飛礫《つぶて》を打った。可愛想なことをするなよ、とさすがに私は窘《たしな》めるがわにまわった。

喧嘩をして勝つと負けた相手は逃げて帰る。それでも口惜しまぎれに、離れてから飛礫を打ってくる。イタチの最後っ屁《ぺ》だ。

学校の帰り道、杉部落を過ぎ、私の村吉富に入ってくるとハタムラ（旗村）の池があった。大きな溜め池で中学生になると泳ぐこともあった。

道端の小石を拾い、池の水面を目がけて飛礫を打つ。毎日のように投げていると腕が上がり水面を気持よく撥《は》ねあがる。てんてんと長く撥《は》ねあがると拍手喝采。ここで鍛えればアンダースロー（下手投げ）の名投手が誕生したろう……。

長兄が叔父に連れられ初めて神戸に行った時、海を見て、「オジサン、この池ハタムラより大きいなあ」と言ったという笑い話がある。この長兄、中々の勉強家で、のちには江田島の海軍兵学校に合格し村人たちの評判になった。

秋になると、池の近くにはアケビが蔓《つる》を伸ばし、手のとどかないところでぶらぶら揺れている。近所の同級生重《しげ》ちゃんがいう。

「ヤッチャンあのアケビ採らへんか、食べ頃やで」

「シゲチャン、そらあ食べたいけど、えらい高い所やし木に登ってべっちょうないか」

「べっちょうない、べっちょうない」

あの時食べたアケビの味をいつまでも舌は忘れない。

時々池面《も》にカイツムリがやってきて、巧みにもぐりえさをあさっている。可愛くていついつまでも心にのこる懐かしい風景だ。


その昔、古里にはロウ石山があった。

ロウ石は陶磁器の原料、石筆、印材として重用された。やがて取りつくして廃山となった。今では山は切り開かれた台地になり、大きな洞《ほら》もそのままだ。ロウ石を運んだ道は荒れ放題。その道端に笹百合がひっそりと咲いていていた。

この台地に餓鬼《がき》大将に連れられて四、五人がやってきた。谷底目がけて石を落とす。まるで敵陣に攻められて台地に立て籠《こ》もっている戦国武将のようだ。石は音をたててドドッ、ドドッ、ドーンと勢いよく谷底へと転んでゆく。

暑い夏には川遊びが一番だ。

大川と呼ぶ猪篠川《いざさがわ》への水浴びは楽しかった。はじめの頃はフリチン、やがてチン隠しの小さなフンドシを付けた。

ダンドコ（段床）は大きな岩が川の真中に横たわり、岩の下流に深い水溜《た》まりがある。大雨のあと、水かさの多いときにも行って渦《うず》に巻き込まれたこともあった。

ダンドコは家から畦《あぜ》道を歩いて二十分、途中に泉が湧いていた。畦道は夏草が伸び放題。夏草と夏草を結んで足を突き込めばコケルようガキ共が企《たくら》んでいる。

耳に水が入ると、その耳を下にむけて「ミミ、ターン」と叫びながらトントンと跳ねると水はよく出た。

それでもとうとう、ある年の夏の終りには中耳炎になった。その頃は耳栓のような物はなく、耳に唾《つば》をつけて泳いでいたからだ。兄に連れられ遠い姫路の耳鼻科に行った。

ダンドコは田舎に疎開《そかい》していた人たちも口々に、とっても懐《なつ》かしい所だったと今でも言う。

泳ぎ草臥《くた》びれると川原でいろいろな形の石を集めて水公園をつくる。圧巻《あっかん》は滝である。滝は涼しげに音をたてて流れていく。


ウナギ捕りのおじさんがやって来た。後をつけて何処までもついて行く。ウナギがいそうな石の間にミミズを付けたハリを入れて、引っ掛けている。三匹ほども釣れると一匹はボクにやると言ってくれた。麦わら帽子に入れて嬉《うれ》しくて嬉しくてわが家に帰った。

次の日は大きな玄翁《げんのう》を持って違うおじさんがやってきた。

玄翁で大きな石をドカーンと打つ。その衝撃《しょうげき》で雑魚《ざこ》は気絶し白い腹を見せて浮いている。

そんな日々、人生の中で一番楽しい一時だったのかもしれない。


何十年かの後。

この川に棲《す》むいろいろな小動物は姿を消してしまった。ゴルフ場ができ猫も杓子《しゃくし》もクラブを握った。ゴルフ場の芝生に散布する除草剤のせいで、川の世界は暗黒と化した。

※著者より
石を人や物に投げるのは、今の世 軽犯罪である。そんな遊びをみなさんはしないようにお願いしておきたい。

（二）蝉《せみ》と私

今日も目茶苦茶に暑い。齢《よわい》八十二。老化に負けず、コロナ禍にも負けずと、腰痛対策の訓練と称して自転車であちこちへと散策する。

ある人が日焼けした顔と腕を見て、元気だなあと言ってくれたが、ほんとうの私は空元気だ。

唐突《とうとつ》なことが起きた。

熊蝉が走行中の私の頬《ほほ》を突然打った。はたしてこれは、吉か凶か。小さい頃何回も蝉にオシッコをかけられたことはあるがこれははじめてだ。この蝉、死期が近づき、目が空《うつ》ろになっていたのか。

最近は熊蝉が大繁殖でニイニイ蝉や油蝉は減少気味らしい。気候変化の影響で蝉の好きな雑木林も乾燥気味だ、と昆虫学者は言う。ところが、熊蝉は乾燥の地を好むという。舗装した道でコロンと横になり、死体をさらけ出すのはその所為《せい》か。ふつうなら昆虫は茂みの中を最後の住処《すみか》として死体を隠すというのに……。それとも人間の目に留めてもらって最後の救いを求めたのだろうか。


七年間の土の中、一週間の地上生活。

空蟬《うつせみ》を樹に残し、最後は道の上でコロン。

哀れを誘う。


蜩《ひぐらし》は朝夕の涼しい時に鳴いている。カナ、カナ、カナ、と美しく声高に涼しげに鳴く。誘われて周りの蟬もつられて鳴く。

竹藪《たけやぶ》は蟬の合唱。やや間をおき、遠くの蟬たちもカナ、カナ、カナと大合唱となる。

そんな田舎の夕暮れ時が懐かしい。


ニュースでへェー、と思った。

近頃東京の公園では蟬がいなくなったという。夏の風物詩が一つ減った。一方で食通による蟬の料理が流行っているらしい。蟬は種類によって味が違い、空揚げや天ぷらにすると美味だと言う。何だか嫌な世の中だ。たった一週間の蟬の命、殺生するな!


親友からメールが来た。

「息子に説得されて東京で一緒に暮らすことになった。芦屋の家を売却して転居するつもり、君との別れが一番つらい」

折返しメールを打つ。

「青天の霹靂《へきれき》だ。会うは別れの始めとか……寂しくなるなあ」

ケイタイにTELがあった。

「君にはこのことが話しにくくて……」

二人は少し長電話になった。

思えば退職後の碁敵《ごがたき》でもあった。
年も同じで播州育ち。この道百勝百敗は優に越している。
——碁敵は憎さも増して懐かしき
彼は「君に負けても悔しくない」と言った。「切磋琢磨《せっさたくま》して次に勝てばよい」と笑った。

『石語り人語り―石や岩の奇談をめぐって―』の出版パーティには夫婦連れで来てくれた。親族ばかりの妻の告別式にも友人代表で一人参列してくれた。彼はゴルフはシングルプレーヤー、木工作りは「播州山崎の甚五郎」と私は思ってきた。今も彼の作品木製の靴箆《くつべら》と靴箆立ては玄関に置いて重宝している。

朝日新聞のコロナ禍による「家のおこもり」の投稿十通に彼は入選した。十人の記事は二回に分けて連載され、彼は木工作りの話を書いていた。その一ヶ月前に私の「石の伝説求め25ヶ国物語に」の記事が神戸新聞に載った。ライバル意識が強い彼のことだ。それでは私もと応募したのかもしれない。

友人が毎日新聞の投稿欄に時々載るので倣《ま》ねて応募したと本人は言っていたが……。

蟬が私の頬を打ったのは、この親友との別離を知らせることだったのか。この知らせは私にとっては淋しいが、彼にとっては老後の早めの選択、「お幸せに！」としか言いようがない。蟬の知らせは、吉だったと私は思った。東京世田谷での晩年をお幸せにと祈念するばかり。彼にこの話をすると、「蟬が身体に当たるのはお釈迦さんの知らせだ」と言った。

お別れの食事会をしてから早くも二ヶ月が過ぎ去った。

懐かしさのあまり自転車で散策中に彼の旧宅を覗《のぞ》き見した。ここ芦屋市平田町は閑静な屋敷町。家の前には不動産会社の「売り物件」の広告がぶら下がっていた。背伸び越しに庭を見ていると、ふいに「よく来てくれたなあ」と、彼の声が聞こえてきたようなきがした。真昼の幻想だ。

――去る者は日々にうとし――そんな言葉は青年、中年時代に当てはまっても老年時代は――去る者は日々に懐かし――である。

彼が再びこの地に舞い戻ってくるかもしれないの淡い望みは絶ち切れないでいる。蟬の知らせ・釈迦の知らせとは一体何だったのか、と再び考えこむ今日この頃である。


別れてから三ヶ月。

突然に朗報が舞い込んだ。

――事実は小説より奇なり――という。大の親友が芦屋の地に再び舞い戻ってくるという。

いろいろな事情が重なってのことだったろう。彼は悩んだ末、自分のわがままを皆が了解してくれた、と言っていた。

○歳をとって環境が変わるのは、かなりの無理があったのか。

○東京の名医の診断が認知症は序の口で、大いにしゃべり頭を使うことが治療にいい、といわれたとか。

○芦屋の旧宅が中々売れず、息子がマンションから新築に入居し、そのマンションがすぐに売れたとか。

しかし、よかったよかった。私は手放しに喜んでいる。このニュースを知らせた彼の友人で私の友人たちも皆喜んでいた。

こんな筋道の話をお釈迦さんはお見通しだったのか。蟬の知らせにこんな深い事情があったとは夢想だにしなかった。

結果オーライ！でなによりだ。又々、ロマンの百歳碁を目指して彼と囲碁も打てるぞ。

（三）老い

早朝に目が覚める。心臓はトッキン、トッキン動いている。一日に十万回も動いている。よく働いてくれているなあ、と私はいつものとおり感心する。誰だってそう思う神秘的な内臓である。

おかげで私は今日も生かされている。

老いの境地に入ると生老病死がやけにきになる。四種の真理といわれる四苦の苦悩から逃れることはできるのか。

釈迦は修行僧らに説いた。八正道《はっしょうどう》が苦の滅を導く、と。八正道とは次の項目の実践である。

（一）正見《しょうけん》　正しい見解
（二）正思　正しい思惟《しゆい》
（三）正語　正しい言葉

（四）正業　正しい行い
（五）正命　正しい生活
（六）正進　正しい努力
（七）正念　正しい思念
（八）正定《しょうじょう》　正しい精神統一

これらの中でいちばん大事なのは正見である。これによって他の七項目が充実する、と説いた。

※参照『仏教辞典』中村元　他編集　岩波書店

神は元々人間に今日の平均寿命を想定していなかった。医学、薬学、栄養、そして心構え等で生き延びる人間は、他国に比べわが国では圧倒的に多い。長寿国日本・老人王国の誕生である。内臓の数々を初め、歯、眼、耳、腰、膝《ひざ》、等々、少しずつ年齢とともに部品の寿命が尽きてきている。いよいよ老人の完成である。これからはお金の世界を離れ、自分の人生に残された意義を探してゆっくりと歩いていこう。

人生の賞味期限はいよいよ大詰めに近づいてきた。テレビや新聞で老人向けの薬や健康食品が、あれに効く、これに効くと賑やかな宣伝合戦をしている。効く人もあるが効かない人もあるだろう。石のスープを飲まされないように気をつけたいものだ。

※参照　石のスープ（ヨーロッパの民話より）　落山泰彦著『石を訪ねて三千里』

悩んでいても仕方がない。♪ケセラセラなるようになる♪　ここまで来ればもう怖い物はこの世にいない。痩《や》せ我慢《がまん》ではない、通常心だ。最後の力をふりしぼり文芸の道に励もう。

江戸時代の儒学者佐藤一斉は名言を残した。――老いて学べば即ち死して朽ちず

三国志の曹操の言葉

老驥《き》伏櫪《れき》　年老いた名馬は厩《うまや》に伏しても

志在千里　いつも千里を駆けることを夢みている

烈士暮年　志を持った士は晩年になっても

壮心不已　いつでも励《はげみ》の心を失わない

名馬は老いて馬屋にいても、いつも戦場を駆け回る夢を見つづけている。曹操は愛馬・騅《すい》と別れる時、長江渡し場の亭長にこう言った。「この騅を私だと思ってくれぐれも可愛がっておくれ」

へこたれず枯れ野を駆ける老いの馬

II

石の民話を訪ねて

（一）出っぱり石のおんがえし

この民話は、神戸市中央区（以前は葺合区《ふきあいく》）の春日野道《かすがのみち》界わいにある大日《だいにち》商店街あたりでは今でも語りつがれています。商店街のすぐ近くには可愛い子供の石像があって、前を通る近くの人びとは、なんとのうこの子の頭をなでております。頭をなでると幸福を預かり、楽しい日々がすごせるという言い伝えを知っているからです。

ではこの石の子供にはどんな伝説があるのでしょうか、はじまり、はじまり。

大昔のもうひとつ大昔のこと。摂津国《せっつのくに》の大日村《だいにちむら》というところに年のころなら五、六さいのひとりのいたずらっ子がおりました。稔《みのる》という名で、まわりの人からはみの坊、みのっちゃんと呼ばれていました。とっても、すばしっこい子で叱《しか》ってやろうとしても、つるりとすり抜けてアッと言うまに逃げてしまいます。村人たちは、ほとほと手をやいておりました。

両親を付近を流れる生田川のはんらんで亡くした一人っ子で身寄りがなく、小屋のような家にひとり住み、皆《みんな》の差し入れで暮らしていました。村長の六兵衛《ろくべえ》じいさんは、そんな境遇を哀《あわ》れんでいつもこの子に同情的で温かい目で見ていました。そのひとつには生田川のはんらんの際、みの坊の家がつぶれ、その家が堤防《ていぼう》のかわりになったおかげで川の流れが変わって、この大日村が救《すく》われたという事情もかさなっていました。

さて、その年も秋も深まり柿がよい色になって、食べ頃をむかえました。ある日、みの坊は木に登り柿を食べてみたらなんと渋《しぶ》柿だったことに腹を立て、思わず道行く旅人に投げつけました。そういえば夏には川遊びしていて、道行く旅人には水をかけるし、冬には枯れ木を集めて通せんぼをつくったり、やりたい放題《ほうだい》の、まったくの腕白《わんぱく》小僧です。

うわさは広まり旅人はこの道をさけて、とうとういつのまにか誰も通らなくなりました。困った村人は話しあいをして、みの坊をお仕置きにしようとしましたが、村長が反対をしました。

「ほっておきな、その内大きくなったら、しぜんにせんようになるんでな」

ある日、何日もご飯《はん》を食べていない旅人が、今にも倒れそうになってこの道を歩いてきました。すると、どこからあらわれたのか、みの坊が近づいて親切そうに話しかけました。

「もしもし、おじさん、こっち側の道が近道なんじゃ」

その道は「出っぱり石の道」と言って歩きにくく、近くの人はさけて通る道でした。案《あん》の定《じょう》、旅人は力尽きてころび骨をおり、村長は家に荷車で連れて帰り、医者を呼びよくなるまで面倒をみてやりました。

今度こそは、このままでは放《ほ》っておけない、と村長をはじめ村人がよって対策をねりました。そして、大日如来《だいにちにょらい》さまが祀《まつ》られている大日寺の本堂に手足をしばり、一晩置いて様子をみることになりました。

真夜中のことでした。大日如来さまが、みの坊の前に現《あらわ》れて言いました。

「おまえのいたずらは、いくらなんでも度がすぎているぞよ。人の痛みや苦しさがわかるまでは、しばらく出っぱり石になって、おとなしく反省する日々をおくるがよい」

とうとう、みの坊は石にされてしまい、道端におかれてしまいました。やがてこの道には言葉がしゃべる石がいる、とうわさが立つようになりました。お仕置きにしたあの夜、寺から消えたみの坊に違いないと皆《みんな》はうわさをしました。

大怪我《おおけが》をした旅人は、やがてすっかり良くなり、丹波国《たんばのくに》、篠山《ささやま》に帰ることになり、村長はじめ村人たちに「皆さんの親切は生涯《しょうがい》忘れませんよって、いつか必ずご恩返しにきまっさかい」と頭をさげて帰っていきました。

一方石になったみの坊は反省をし、まわりの石たちからもしだいに尊敬されるようになりました。そして道のまんなかの石たちには人や牛の邪魔《じゃま》にならないよう道の端《はし》に移動するようお願いをしました。石たちは一斉《いっせい》にゴトゴトと音をたてて道端《みちばた》に動いていきました。

そして何年もすぎて、またもや大日村には大雨が降り続きました。水かさを増し今にも堤防がつぶれそうになってきました。石になったみの坊の耳にも、この不気味な水の音は聞こえてきました。鉄砲水が大日村におそってくるようです。みの坊はたくさんの石にまたお願いをしました。

「みんなお願いだ。堤防がこわれて、おれんちの村は全滅してしまう。つぶれる前に堤防に集まって、みんなの力で堤防を作ってやってはくれまいか」

何千もの石がゴトゴト音をたてて堤防に向っていきました。アッという間にがんじょうな防波堤ができあがりました。

大雨も止み、あやうくのところで、この年の大日村は流されずにすみました。村人たちは手をとりあい涙を流して喜びました。堤防の上で陣頭指揮《じんとうしき》をとっていた、石のみの坊もやれやれと思いました。そして、その昔、大雨のため両親を亡くしたことを思い出し、ひそかに涙を流しました。

大日如来さまは、この様子を天よりご覧《らん》になって、「みの坊でかした、でかした」と喜ばれ、元の子供に戻してやることにしました。そして子供がなかった村長の六兵衛じいさまの養子になりました。

先にけがをしてこの村でお世話になった旅人は、その後黒豆や山芋《やまいも》の農場経営で暮らしも豊かになり、みの坊や出っぱり石たちを祀る社を建立し、恩返しをしたと言われています。

めでたし、めでたし。

《この民話について》

「出っぱり石のおんがえし」は民話の里「ふきあい」に昔から言い伝えられている。

阪急、春日野道駅の北側を少し東に行くと、大日商店街があり、その南側に「でっぱり石」の像が造られている。みのる坊（みの坊）と六兵衛じいさんの石像が造られ、その下に民話の簡単な説明書きがある。それによると、このじいさんとみのる坊をなでると願いごとがかない、いい事があると書いてある。

ここ神戸の葺合の人々と丹波篠山市の西紀町《にしき》（昔の西紀村）は今の世も交流が続いている。

この民話にちかい話が実際に過去にあり、人々の心をうち、語り継がれてきたのであろう。

この民話は人の心をあたたかくする、中々よい作品なのですっかり気に入り、今回私なりの語りで民話再生とした。

ここ葺合は民話の里と呼ばれ、楽しい民話が多く語りつがれている。この民話をはじめ「花の妖精」「こくがきのとげ抜き石」「こころやさしい天狗」等があり、絵本になったり紙芝居になったりしている。

昨年（二〇二〇）は九州の球磨川《くま》で、一昨年は長野の千曲川《ちくま》で川のはんらんがあった。江戸、明治の時代に神戸の生田川も度々はんらんがあり、明治四年（一八七一）に生田川を付け替える工事が完了している。この時に活躍した加納宗七《かのうそうしち》（一八二七〜一八八七年）の名は知れわたっている。

加納宗七は江戸、明治期に活動した商人で城下町和歌山で生まれた。生家は紀州藩の御用商人の宮本家で酒造業、廻船業を営んでいた。結婚後、宗七は姓を加納と改めた。そして倒幕運動に参加した。明治の時代になって宗七は開港直後の神戸に移住し、材木商、廻船、舟宿な

どを営んでいた。

明治四年に明治政府が計画した生田川の付け替え工事を請負い、三ヶ月で工事を完了させた。旧の生田川の埋立地と堤防跡を兵庫県から落札した。そして土地の一部を宗七の名にちなんで「加納町」とした。今の世にも加納町は地名として残っている。

その後、この新の生田川は暗渠《あんきょ》にしていたが、昭和一三年（一九三八）の阪神大水害をもたらした大雨で暗渠がつまり、周辺一帯に大きな被害が出たため暗渠は撤去されている。

※参照『ひょうご幕末維新列伝』一坂太郎　神戸新聞総合出版センター

昨今の地球温暖化の影響により、今まで安全地帯と見なされていた所の堤防が壊されたり、大雨のため浸水で町全体が浸かってしまったりする。又、崖崩れの災難も後をたたない。基本的には世界各国がお互い環境を悪化させないよう協力しなければならない。ところが遅々と進んでいないのが現状である。

わが国の治水対策にしても、ダム建設を始め、堤防の高さ等の対策が急務となっている。後手に回らないよう着々と準備計画を進めてほしいと願っている。

（二）小さな宝の臼《うす》

とおいとおい昔のこと。羽前《うぜん》（今の山形県）のとある淋しい漁村に住んでいたおじいさんとおばあさんのお噺《はなし》です。子供がなくそれでも子供がほしいものですから、毎日毎日、村の鎮守《ちんじゅ》さんに「おらたちにも子供を授《さず》けてくれろ」と願《がん》をかけていました。

ある日のことです。丸々と太った男《やろっこ》が社《やしろ》の前に捨てられて大きな声をあげて泣いておりました。おじいさんとおばあさんは、これこそはきっと神さんからのお授《さず》けの子だ、とたいそう喜んで「よしよし泣くんじゃねえ、よしよし泣くんじゃねえ」と、たいせつに抱《だ》きかかえあやしながらお家《うち》に連れて帰りました。

すくすくと育ち、あっというまに七年の月日が流れました。七つになった子は、たいそう元気に育ち毎日のように釣竿《つりざお》を担《かつ》ぎ浜辺に通っていました。上達がとても早く、この年にはもう時には大物を釣りあげる釣名人になっていました。むろん、こんな小さな子が大物を釣りあげるものですから、村の大評判にもなっていました。

そんなある日のことでした。いつものとおり、釣糸を垂《た》らしていると、白ヒゲをはやした老人が、長い杖を持って近づいてきて、この子に話しかけました。

「今日、お前さんがはじめて釣った魚をな、あの向こうの大岩場で火をおこし、焼いてみろよ。するといい匂《にお》いにつられて、親指ほどの小人《こびと》が、ぞろぞろと穴から出てくるのでな、小人の親方に、お前らの穴の一番奥にある宝となら、この魚と取り替えてやってもいいぞ。そう言ってみるがいい」

言い残すとすぐ、仙人のような老人は何処《どこ》かへ消えてしまいました。

釣名人と呼ばれているほどの子ですから、わくわくしながら、最初にかかってくる魚を待っていました。すると何と今日は幸先《さいさき》がよくて、形のよい大きな鯛《たい》が釣れました。さっそく老人にいわれたとおりの岩場にいって、海辺の木を集めて、竹を切り串《くし》をつくり、焼きはじめました。鯛がジクジクと音をたて、やがておいしそうな匂いがあたり一面に漂《ただよ》っていきます。すると、いわれたとおり岩の中から編《あ》み笠《がさ》をかぶった小人が、ぞろぞろと大勢出てきました。

「いい匂いや、うんまそうだなあ。おいらも食いてぇなあ」と口々に言って遠巻きにしながら鯛を見上げています。そこで親方らしい小人を見つけると、「穴の奥には、宝ものがあるだろう。それとなら取り替えてやってもよかんべ」と言うと、「それはなりませぬ。桃、赤、青のサンゴとなら取り替えしましょうかな、それでかんべんしてください」

「サンゴはいらんよ。一番奥の宝物でなきゃなあ」

親方はぶつぶつ、まわりの主《おも》だったものと相談しているようでしたが、やがて、引き返すと、穴のなかから大きなぴかぴか光る石臼《いしうす》を四、五人でごろごろ転がし運んで出てきました。

約束どおり、ほどよく焼けた鯛は小人たちにやりました。みんなはおいしい鯛を喜んでつつき、食べ始めました。たちまち満腹《まんぷく》になったようでうれしそうでした。小人の親方は釣り名人に臼の説明をしてくれました。

「これは、この世には二つとない宝の石臼じゃからな。ほしい物があったら、それをとなえて右に三べん回すのじゃ。止める時はな、左に一回まわして『止まれ!』というのじゃよ」


喜び勇んで釣り名人の少年は貧しい暮らしのわが家に石臼をころがして帰ってきました。おじいさんとおばあさんに早速《さっそく》、今日あった話をして臼を見せました。

「それは、それは、ありがたいことじゃ、それじゃ晩餉《ばんげ》の用意にこの臼のお世話になろう」と臼に向っておばあさんがとなえました。

「米よ、米よ、出てきておくれ」と言って三回まわすと、すぐ真っ白なお米が出てきました。

「味噌《みそ》とおかず買う銭《ぜに》も出れぇからな、ついでに出て来ておくれ」

味噌と小判も出てきたので、「はてさて、これはほんま、良《え》え晩さんになったものじゃ」と大喜びです。きっとこれも鎮守さんのお授《さず》けものだと思いました。

こうして、おじいさんとおばあさんとひとりのまご息子のこの家は、いっぺんに村一番の長者になりました。そこで村の人たちを呼んでお祝いの宴《うたげ》をすることにしました。ところがその前日から、用意をしている長者の家には、ひとりのこそ泥《どろ》がかくれていて、じっとその様子を見ていました。そして、宝の臼にねらいをさだめました。しかし、その夜は盗まず、まずは下見をしていたようでした。

当日はたくさんの山海のごちそうに、赤マンマ（赤飯）やぼた餅《もち》などもつぎつぎ出てきました。もちろんおいしいお酒もありました。そして長者になったわけをみんなにつつみかくさず話しました。

宴があったその日の真夜中になって泥棒は用心深くあたりをキョロキョロ見わたして長者の家にふたたびしのびこみました。お目当てはむろん何でも欲しい物が出るという宝の臼です。目敏《めざと》く見つけ、ついでに宴の残り物の赤マンマやぼた餅も盗んで舟に積んでまずは沖へと逃げて行きました。長い間、漕《こ》いだものですから、お腹《なか》がすっかりへってきました。赤マンマとぼた餅をぱくぱくみんな食べてしまいました。たいそう甘かったものですから、しょっぱい物も欲しくなり「塩、出はれ！」と臼にいうと、見ていた通り右へ三回ぐるぐる回しました。真白なきれいな塩が続々出てきました。「もう出るな！　塩とまれ」と言って右へ三回まわしたのですが、ところが今度は一向に止まる気配がありません。同じことを何回かやってみたが、臼はいうことを聞いてくれません。塩は積《つ》もって、重さに耐えかね、舟はとうとう海の底に沈んでしまいました。泥棒《どろぼう》も舟とともに命を失ってしまったことでしょう。

海の水がしょっぱいのは、大昔にこんなことがあって、今の世にいたるまで永遠に宝の石臼が海の底でゴロゴロと回っているからなんだとさ。

《この民話について》

海の水は何故、塩からいかの民話は、日本のあちこちにストーリーを若干変えながら伝えられている。私は小学校三年生の時この類《たぐい》の話を若い女性の山田先生から聞いた。山に囲まれた田舎では、本当に海水は塩からいのか不思議に思った。学校の遠足で姫路の白浜に潮干狩りに行った時、実際に海水を舐《な》めて確かめたことがある。山田先生は話が上手でこんな民話や童話をよくしてくれた。「先生、今日も話をしてくれ」と、悪童たちが授業をさせず先生を困らせたことがあった。

晩年、私の作品集に手紙を添えて先生に送ったところ、喜んで頂き涙が出て仕方がなかったと返事をもらったことがあった。

「海の水は何故塩からいか」の民話は、日本のみならず世界各国にある。どうもノルウェーにある民話が原典のような気が私はしている。共通の話としては、臼が出て来て今の世もぐるぐる回っているという話の相場はきまっている。そして兄弟がおり兄が欲張りで金持ち、弟は貧乏でお人好しで、宝の臼を手に入れるのは弟の方で、やがて兄にうまく騙《だま》され、臼を取られてしまう。しかし出し方はわかっても止め方をしらないというのが、話の共通点である。

数ある塩の民話の中から山形県に伝わる民話を私なりの語りで書いたのは、弟が兄に臼をとられるのでなく、泥棒にとられることと、手に入れる子が神の子であったり、小人の国の話もまじって、よくできていると思ったからであった。

　こうして、面白い民話は世界中を駆けまわって、今の世もあちこちの国で語り継がれている。

III 怪奇幻想小説

あの世の門番

一昔も二昔もとおいとおい昔の話である。

ここは播磨国《はりまのくに》でも一番北、中国山脈の分水嶺《ぶんすいれい》に近い、峠を越せば但馬国《たじまのくに》という村のこと。

この地には荒れはてて長いあいだ和尚さんのいない寺があったが、村人の願いである時、何処から来た者かよくわからないが、ひとりの僧がとどまって、この寺の住職をしてくれるようになった。ところがここ何年にもわたり、天候不順で凶作が続き、百姓たちは生きていくのが精一杯で、住職はできてもとても寺の普請《ふしん》など出来る状態ではなかった。

ところで、この荒れはてた寺の庭のまん中には、おおぜいの人間が力を合わせても、とても動かせないような大石がひとつ鎮座《ちんざ》していた。苔におおわれた丸い形で、よくみると何かお経のような文字が一面に書いてあるようだったが、この村にはそれを読める者は誰一人としていなかった。ただ、居ついてくれた住職は四六時中、本堂やこの大石の前でお経をあげることに余念がなかった。

ある日のことだった。寒い日で夕方から雪が降りはじめ、見る見るうちに積もっていった。たまたま故里《ふるさと》但馬に帰ろうとしているひとりの若者が通りかかり、雪景色を眺めながら「こん畜生め」と舌打ちして、日も暮れるし、どうしたものかと寺の近くで思案顔だった。親方から道中の費用だと言って少しばかりの銭を持っていたが、この村には宿もなく店もなかった。あいにくの悪天候のため峠越えは無理だと思えるし、その上相撲取りになれずに、わが家に戻る武蔵《たけぞう》の気持ちは重かった。

ひょいと山の方を見ると、薄ぼんやりとした灯《あかり》が目にとまった。この若者、一晩の宿を乞おうとして、雪明かりを頼りに寺の階段を用心深く昇って行き、この灯りの見える所までやってきた。そこには雪景色につつまれた荒れ果てた寺があった。

ここで、この若者のことにふれておきたい。

但馬の国の貧乏農家に生れた次男坊のこの若者は、年の頃ならまだ十二歳前後。でも、がっしりした体格の持主で、苦み走った男ぶり、名を武蔵《たけぞう》といい、近所の人たちは武《たけ》ちゃんと呼んでいた。近くには銀山で名高い生野鉱山があった。

この鉱山の山神《さんじん》さんの秋祭りには毎年巡業の相撲興業があり、村人たちと若い相撲取りとの余興《よきょう》もあった。この年、大人になりかけの武蔵は腕試しをしようとて、土俵にあがった。そして事もあろうか、若い相撲取りをたちまち四、五人も、土俵の外に押し相撲で押しまくり勝ちまくった。

これを見ていた朝日部屋の親方は、うーんと唸《うな》って目を細めた。早速、武蔵の両親を説得して朝日部屋に連れて帰ることにした。母親とひそかに恋心を抱いていた同じ村の春ちゃんは涙ぐんで別れを惜しみ、晴れて関取（十両以上の力士）、いやいや大関横綱を目指して故里に錦を飾ってくれる日を夢見るのだった。父親もりっぱな相撲部屋の親方だったらきっと立派な人間にしてくれるだろうと期待するのだった。

朝日部屋に入って毎日稽古《けいこ》に明け暮れする日々が続いていた。ある日親方は稽古相撲を見て、関取になる日もそんなに遠くないと思い、関取になったら醜名《しこな》は武蔵の名をとって武蔵龍《むさしりゅう》にしてやろうと、今から先のことを考えてほくそ笑んでいた。

ところがどうしたことだろう。いつのまにか、急に素行《そこう》が悪くなり、その上若い衆の力士仲間とつくるちゃんこ鍋の料理当番も怠けるなど評判は悪くなるばかりになった。

播磨の国でも瀬戸内海に近い、とある村に地方巡業に行った時のことだった。さらに遠くの神社に秋祭りがあると聞くと、武蔵はついついむらむらと、自分の村のことを思い出したのだろうか。一人抜け出してぶらぶらと出かけて行った。そして大きな餅を何枚も重ねた餅担《かつ》ぎでは一番になるし、相撲の飛び入りでは誰にも負けず、金一封を手にした。大きな餅と金一封を持って皆は喜ぶだろうと威勢よく部屋に帰ってきた。

ところが、親方は武蔵を呼び、たいそう叱ってこんこんと説教をした。許可なしに勝手によその秋祭りに出かけ相撲をとることなど、もっての他だった。おまけに日頃から兄弟力士とはよく喧嘩《けんか》をするし、相撲部屋の掟《おきて》にしたがって、相変わらず食事ごしらえの仕事にも精を出さない彼を親方はよく見ていただけに、とうとう堪忍袋《かんにんぶくろ》の緒《お》が切れてしまったようだった。そしてついに破門を言い渡した。親方は彼に対し、もともと頭がいい若者なのだから、今の内に大工か左官など他の職を身につけた方がいいと、涙を飲んでの決断だった。そして帰るための道中の費用を持たせて、国許《くにもと》へと帰らせることにした。

——話は再び雪降る田舎に戻る。

武蔵はひもじい思いをしながら灯りを目指して、とうとう寺の門まで辿《たど》りついた。門をたたくと白髭《しろひげ》をたくわえた老僧が出てきた。一夜の宿を乞うと老僧は若者を見つめて、困った顔をしてなぜか断わるのだった。

若者は、このまま歩き続けると途中凍《こご》え死にするかもしれないので、雪が降り止むとすぐ峠越えして里に帰るので、何とか少しのあいだでも無理を聞いてほしい、と何回も何回も同じことを言って頼むのだった。とうとう老僧は根負《こんま》けして、峠越えが出来るまでと念を押し宿泊を許可した。そして梅干し入りの粥《かゆ》をつくり若者に食べさせた。何もこれと言った食物はないが、村人が持ってきた芋や栗や柿や漬物、そして人参でもかじって飢《う》えをしのいでくれ、とも言った。

そして、こんな話をするのだった。

「そなたを、この寺に泊めることは了解するが、そのためには一つだけ約束してほしい事がある」

こう言って障子を開け雪明りで見える大石を指さして話しはじめるのだった。

「そなたは力持ちのようじゃ。じゃからといってあの大石を動かしたりしようとすることだけは、絶対にしてはならない。もし、この掟《おきて》を破るとおそろしいことが起きて、そなたの命は奪われることになるかもしれない。そこだけは固く肝《きも》に命じておくことじゃ」

若者は老僧と固い約束をした。

「そんなこと、決してしまへん、しまへん。安心しといてくだされ」

その夜は、老僧と若者は枕を並べて寝た。床についたままで、武蔵は親方にこっぴどく叱られたことや、自分のわがままな性格が災いしてとうとう相撲取りの夢をあきらめ、実家に帰る道中のことなど、老僧に話した。老僧は多くを語らず一言こう言った。「そなたは未《ま》だ若い。人生はこれからだ」

早朝雪がまだ降りしきる中、村人が二人、寺にやってきた。昨日の夕方、村の長老が亡くなったので、葬儀のお願いにきたのだった。そしてこの大雪のことなので、二、三日は長老の館《やかた》の離れ座敷に滞在してほしいとも言った。

老僧は二人を待たせ葬儀の用意をし、若者に再び念を押した。

「わしは留守にするが峠越えができるようになる迄、ここにいてもよいぞ。食物は米が少しあるし芋もあるから、何とか二、三日なら大丈夫だろう。私が最初にお願いした件だけはくれぐれも宜《よろ》しくな」

若者は畳に額《ひたい》をつけて、ただ老僧の思いやりに感謝するばかりだった。

そして、老僧は二日たっても寺に帰ってこなかった。武蔵は慣れぬ手つきでお粥をつくったり、ふかし芋をつくって食べた。梅干しを見つけてお粥の中に入れもした。こんなことになるのだったら、相撲部屋の料理ごしらえも真剣にやっておけばよかったと思ったが、全ては後の祭りだった。

三日目の朝を迎えた。老僧は未だ帰ってこないし、雪はさらに吹雪《ふぶき》となって降りつづけ、峠越えはもう少し待たなければと思った。しかし、若者にとって退屈を持て余すと、ろくな事はない、〝小人閑居《かんきょ》して不善をなす〟との格言どおりとなった。又々、人の忠告を聞かない悪い性格が鎌首《かまくび》をもたげてきた。老僧の厚い人情を忘れて、かえってあの大石が気になるのだった。そして自分なら少し動くかもしれないと思いつくのだった。

とうとう辛抱《しんぼう》しきれなくなって寺の下駄《げた》をはき、降り積った雪の庭におりて大石の前にやってきた。大石の内側に何があるのか、この若者はそれが見たいの一心になってしまった。見てはいけない、してはいけないと言われると正直にそれを守る人もいるが、却《かえ》って見たくなる、したくなるのは人間のかなしき性《さが》なのかもしれない。

大石の上には雪がつもっていたが、前面には何やらお経の文字のような漢字が彫ってあった。石は苔むし、なるほど長い年月が経っていると思われた。手で押してみたが、むろんびくともしない。何回も押してみたが、動く気配はない。よしっ！　と気合を入れて押し相撲の要領で全身の力をふりしぼって押すと少し手の大きさぐらい動いた気がした。何か大石が叫んでいるような気もしたが、石が物を言う筈《はず》がないと一休みして、もう一度押すと、ついに人間が入れるぐらいの隙間《すきま》ができた。中は暗闇である。前もって用意していたローソクに火をつけて、とうとう、おそるおそる中に入っていった。

ところがおどろいたことに中は洞窟になっていて何処までも延々と続いているのだった。おまけに所々に頭蓋骨《ずがいこつ》や人骨が散乱していた。それでも若者は怖いということすら忘れて、ひたすら奥へ奥へと進んでいった。中は生暖かく、少し黴《かび》くさい臭いが漂っていた。どのくらい歩いたことだろう。気がつくとローソクの灯りも終りになっていた。いよいよローソクの灯が消え暗闇《くらやみ》の世界になった。しまった、大きな失敗をしでかしたと思った時、急にあたりが真昼のようになった。ここはあの世の玄関口、閻魔庁《えんまちょう》に来ていたのだった。

獄卒《ごくそつ》※の牛頭が出てきて、ここに腰かけて順番を待つようにと指示された。なんにんかの亡者《もうじゃ》が順番を待っていた。一つ前の亡者が話しかけてきた。

獄卒　地獄で亡者を呵責するという鬼

「おまえは何処《どこ》の生まれじゃ。未だ若いのに事故でも遭《あ》ったんかいのう」

「わいは但馬の生野の生まれやねん。大雪で峠越えが出来ず、ぼろ寺でしばらく休ませてもらっていたら、こんな事になってしもうたんや」

「そしたら、あの白髭《しろひげ》の坊さんを知っとるやろ」

「あの坊さん、えらい親切にしてくれはったんや」

「実は昨日、わしはあの坊さんに葬儀をあげてもらってきたんや」

「エッー、イヤアー」

と悲鳴をあげ若者は椅子《いす》からころげ落ち地べたに臥《ふ》してしまった。

その時、ぼろ寺の僧が横にきて、若者を起こし椅子に座らせ、「これっ、しっかりせい」と言い、すぐに戻ってくるからと奥の部屋へと入って行った。閻魔大王に事情を話し、戸籍係に立寄って再び若者の所へ引き返してきた。若者は何が何だか、さっぱりわからなくなり、僧の後をついて再び洞窟の中を僧のもってきた携帯の行灯《あんどん》の明かりを頼りに出口へと向かった。

寺へ帰ると老僧はすでに戻っていて、叱るのでもなく、だまってふとんを敷き、若者を寝かせて、若者が生者に戻るのを待って、こんな話をはじめるのだった。

「そなたは力持ちだとはわかっていたが、好奇心も強い男だ。すんだ事は仕方がない、これからどうするか、もう一度考え直す必要がある。お前は石を動かしてなかに入ったことで、一旦《いったん》は人間としての命を亡くし、あの世で閻魔の裁きを待っていたんだ。門番の大石を動かした罪は大きいが、心を入れ替え生まれ変ったものとして、これからの世を生きて行くのが罪ほろぼしなのだ」

若者は神妙な顔つきで、何が何だか頭の中は混乱していたが一言ぽつりと洩《も》らした。

「わかりました。心を入れかえ生まれかわります」

「君はもういちど力士になりたいのだったら、親方宛にわしが手紙を書いてあげてもいいが……」

「ぜひぜひ、よろしゅうに、たのんます」

「実はわしはな、素性《すじょう》を明かせば京の都で名の通ったとある寺の貫首《かんじゅ》※をしておってな、寺の古文書のなかに、この播磨路の生野峠近くの村には、あの世へと続いている洞窟があるこ

貫首　天台座主の別名。のち各宗派の本山や諸大寺の貫長の呼称。

とを知ってこの地にきておったのだ。京の六道珍皇寺《ろくどうちんのうじ》にも同じあの世とつながっている洞窟があるが、実はこちらの方が本物なんじゃ。」

若者はその話に驚くと同時に、老僧だけが何故あの大石を動かして洞窟に入れるのか不思議でならなかった。すると、老僧は若い時、山にこもって仙人のような修行をしているので、あの大石ぐらいは軽く動かせるといった。

「それが修行というものじゃよ。わしは、しかし、まもなく京の寺に帰ることになる。このぼろ寺の住職には修行をつんだ後釜《あとがま》の僧がまもなくやってくることになろう」

若者はポツリ、ポツリとこんなことをつぶやくともなく言った。

「どう考えても、今更田舎に帰れないと考えながら峠に向っておりました。しかし死ぬ勇気はありませんでした。でも、今ふり返れば、あのときはもう死んどったのも同然です。おかげで今は四、五日すれば元の身体になれるような気がします。ぜひとも、もう一度心技そなわった力士を目指してやり直したいと思います。どうか和尚さまのお力添えを！」

「そうか、そうか。それでは親方に手紙を書いてあげよう。もし力士になれなかったら京の寺の住所を別の紙に書いておくから訪ねて来たらよい。その時は僧になる覚悟をして訪ねてくるんだな」

「それからな……」と言って最後にこんな話もしてくれた。

「あの、石のなかには修行のつんだ僧のみが入《はい》れて、普段は決して開《あ》かないものなんじゃ。わしはな、忘れていたのではなく、お前の心を試すために、敢《あ》えて開《あ》かずの呪文《じゅもん》をかけずに外出したのだ。こんな話を誰にしても、信じてもらえまいが、あの石は大勢で動かしてみても何もないんじゃ。それがあの世の入口というもんじゃ」

若者はぼうぜんとして老僧の顔をまじまじと見つめるだけだった。

十年ほどの歳月が風の如く過ぎ去っていった。さて、あの武蔵という若者、力士になったのか、僧になったのか気になるところだろう。勿論、この筆者も大いに気になる話である。その前にこの貧乏村はやがて豊かに米が稔り、寺も普請して見違えるようになった。後からきた高僧も京に帰り、村人の一人が僧の修行をして寺の住職になっている。あの大石、今の世にも寺の庭にあるが、そんな話が昔あったんですか、といった体《てい》で鎮座している。

風がうわさを運んできた。

山神さんの興業に〝生野銀山〟としじゅうのある化粧まわしをして大関となって武蔵龍《むさしりゅう》が

故郷に錦を飾ったらしい。

そして、嫁にも行かず武ちゃんのことを気にかけていた近所の幼なじみの春ちゃんと、親方の仲人で祝言《しゅうげん》をあげたそうな。めでたし、めでたし。

《この怪奇幻想小説について》

私の故里を舞台にして短編小説を書いてみた。愛読書の一つ蒲松齢《ほしょうれい》の『聊斎志異《りょうさいしい》』を読むと、あの世の人が現世に時々姿を見せる話は度々でてくる。かつての私の作品でも何回か、そんな幻想的な場面を書いている。又、あの世とこの世を閻魔大王の下で行き来していた話は『今昔物語』に小野篁《おののたかむら》の話として出ている。京都の六道珍皇寺に古井戸があり、そこから出入りしていたと言われている。

そんな話を下敷きにして「あの世の門番」を書いてみた。私の故里を舞台にして主人公は若い相撲取りとして書き始めると、意外にすらすらとペンが走った。生野の地は十世紀初頭までは播磨国神崎郡内の管轄であった。そして生野以南を生野街道と呼んでいた。生野は朝廷の御領地・天領で、江戸時代は徳川将軍の領地であった。

生野銀山の開坑は古く、平安時代の初期と伝えられているが、詳細は不明である。江戸時代に入って三代将軍・家光の頃に生野銀山の最盛期を迎えている。江戸中期に入ると銀の産出量は減ってくるが、銅や錫の算出が激増している。明治の幕開けになると、鉱石の道として、生野から瀬戸内の飾磨津・飾磨港まで約49㎞の「銀の馬車道」ができた。

この短編小説の舞台にした村は、戦国時代は激戦地で死体がごろごろしていた。江戸時代は北に生野銀山、南に福本藩あり、村内に関所も設けられていた。明治維新にも数多の出来事を残している。

落山家先祖の墓所はこの村にあり、その横の北側に古い墓石や五輪供養塔がある。調べてみると、春日神社の境内《けいだい》にあった寺の歴代の僧の墓だと知った。明治維新になって神仏分離でこの寺は廃寺となった。「あの世の門番」にでてくるボロ寺はここにあった寺を想定して書いている。

今の世、この地は大昔にあった色々な出来事の面影は全くなく、神崎郡神河町字《あざ》吉冨の長閑《のどか》な村でひっそりしている。西山には粟賀《あわが》ゴルフ場が見渡せる地でもある。

IV 謎を秘めた石たち

(一) 一万年前の石製品

昨年(令和2年)12月10日に種子島の遺跡から約1万年前の縄文時代早期の古い石製品が3点出土したと西之表《にしのおもて》市教育委員より報告があった、と朝日新聞夕刊等で報じられた。出土した3点の一つは、種子島には見られない滑石※という石でできている。二石《ふたついし》遺跡からの出土で長さ1・7㎝、幅1㎝の装身具の形をしており、勾玉《まがたま》のような形に見える。宗教的な色合いをもつものか、単なる装身具として首にかけていたのか謎めいている石である。

あとの二点は長迫《ながさこ》遺跡から砂岩製のひよこのような形をした石偶と、長さ10㎝ぐらいの「J」の文字のような形の石製品が見つかった。ひよこ形は小さい子の玩具だったのか、狩りがよくできるように神に祈りをささげていたものか、又、海産物の海鼠《なまこ》の類なのかもしれない。Jの形をした長靴の形のような石は、獣を追いかける足を大事にするため神に祈ったものだろうか。又は貝の一種のような気もする。はた又この地から出土した古代の鉄の釣り針が、Jの形に似ているので、釣り針をイメージして造ったものかもしれない。あれこれ想像するのは楽しい。

考古学の専門家たちも、はっきりわからないと首をひねるばかりである。

出土品を分析した同志社大の水ノ江和同《かずとも》教授（考古学）はこのように語っている。

国内の他の遺跡より約八千年前のものが出土している南九州でも、こんなに古いものは見つかっていない。国内最古級の1万年前の石製品である。やはり国内の地域に先駆けて南九州で石の造形物がつくられていたことを裏付ける貴重な発見だ。
※出土品は口絵参照

滑石（かっせき）　マグネシウム・珪酸（けいさん）から成る鉱物の一つ。結晶片岩の中に産し、やわらかく、色は白または帯緑色など。石筆として、また化粧品・薬品・電気絶縁材・陶磁器などに使う。タルク。

（二）龍涎香《りゅうぜんこう》

龍が涎《よだれ》を垂《た》らしたものが固まってできたといわれている。本当のところは鯨の涎・鯨涎香《げいぜんこう》といった方がいいのだが……。麝香《じゃこう》に似たよい香りがして人々を魅惑の世界につれていくという不思議な石である。

絹をラクダで運んだ陸のシルクロードに対し、陶磁器や綿糸、紙は重くてラクダでは運べず、船が大活躍する。陸はシルクロード、海はチャイナ・ウェアロードと呼ぶべきか。陸の起点、長安（西安）に対し、海の起点は泉州である。泉州は「ザイトン」と呼ばれ世界二大国際港だった。その一方はエジプトのアレクサンドリア港だった。ザイトンとは福建語で真赤な花「刺桐《しとう》」をさす。沖縄ではディゴと呼んでいるが、ザイトンはもっと大きくみえる。

東南アジアやアラビア、エジプトの西方から胡椒《こしょう》、真珠、象牙《ぞうげ》、樟脳《しょうのう》、香油、宝石が中国へ輸入された。その中に風雅な香りを漂わせる龍涎香があった。

商人たちは珍しい龍涎香や真珠を高く売りつけるため、こんな話が残っている。真珠も御《み》木本《きもと》幸吉が人工的に作る方法を考案する以前は貴重なものだった。

幻の龍涎香あり　真珠あり

海のシルクロードの時代を迎えている
商人達は商売上手
商品の出自《しゅつじ》を隠し
法螺《ほら》話を吹きまくる

アラビアの西方に龍がすんでいたとさ
龍は四六時中よだれを垂《た》らしていた
よだれはいつしか龍涎香と化した

われは鮫人※という魚の精なり

鮫人（こうじん）　中国の想像上の人。わが国の人魚の類。

南海にすみ、常に機を織り、またしばしば泣き、涙はころがり落ちて珠となると伝える。

南海の深い海底にすんでいるのさ
龍涎香を採取するのはわれわれだ
ひもすがら機織《はた》りもしている

むかし鮫人が陸にのぼり
人家に立ち寄り大変お世話になったそうな
別れに際し主人にお礼にと
お盆の上に涙した
涙はころころ落ち真珠になったとさ

マルコ・ポーロが泉州に入り『東方見聞録』を書いたのは13世紀だ。この頃には、もう海のシルクロードの交通の世は終わっていた。かわってイスラム航海者の時代になっていた。その頃は多宗教であったが争いは少なく、人々は平和な日々を送っていた。泉州市内には、仏教寺院、イスラム寺院、キリスト教会、バラモン教会等があった。

百隻《せき》をこえる船が一日中入出港した港も、晋江《しんこう》の泥砂《でいさ》堆積により港の機能を失い、やがてアモイ港が開港され、その繁栄をバトンタッチしていった。

龍涎香はマッコウクジラがイカやタコなどを飲み込んだ際にクチバシなどの硬質部分が消化されず、長い時間をかけて結石化したもの。芳醇な香りがするため香水の原料として人気が高い。人間にも胆汁の成分が結晶化、または沈殿して胆石という石ができる人が時々いる。その方の話を聞くと、美しい緑色で床の間に飾っている、と笑いながら話された人がいた。

２０１６年にイギリス北西部に位置する海岸でウィリアム夫妻が散歩中に発見した。それ以来、長い間見つかっていなかったが、本年（２０２１年）２月下旬、タイ国の南部地方の海辺を散歩中に見つけた人がいる。龍涎香は「アンバーグリス」とも呼ばれる。今回見つかったものは重さ７kgぐらいのもので、ネット上、２７００万円の値段がついているらしい。排泄されても水より比重が軽く、長期間にわたり海上を漂流している間に、よい香りの石に熟していくそうだ。

正しく海面を漂う浮かぶ金塊である。

※口絵　イギリスで見つかった竜涎香

（三）玉石《ぎょくせき》

シルクロードの西域《さいいき》南道にホータン（和田）というオアシスがある。かつての仏教国、于闐《ウテン》でやがて名が変わって瞿薩旦那《クスターナ》となる。ホータンと敦煌は「玉の道」と呼ばれ高級なシルクと玉とが盛んに取引されていたという。

シルクも玉も美しい。人間は美しいものを渇望し、それを手に入れるためどんな苦労もいとわなかった。ホータンは年間２００日も小麦粉のような砂塵《さじん》が舞っている。この玉の道は延々と沙漠の中をラクダで歩む厳しく苦労の多い道なのだ。

ホータン国を栄えさせたものは、絹があり玉《ぎょく》がある。絹をつくる養蚕《ようさん》技術は国禁を犯して伝えた伝説の王女がいる。私は「蚕種西漸《さんしゅせいぜん》伝説」をテーマにして「砂漠の花嫁」の物語を書いている。

このオアシスに崑崙《こんろん》（クンルン）山脈より流れるユルン・カシュ（白玉河）とカラ・カシ

ユ（黒玉河）があり、いずれも玉の産地だ。豊かな雪解け水でこのオアシスを潤わせ、史上に名高い崑崙の玉を産する。七千メートル級の高い山から流れおりる間に角もとれ、すでに円やかな石になっている。月のない夜、河に光を発するところがあれば、そこには必ず玉があると言い伝えられている。そう言えば簡単だが熟練した人でなければ玉であるか、ただの石ころかは中々分別できないようだ。うす黄色がかった白色でしっとりした落ちつきのあるものがもてはやされ、古来、霊力があると信じられてきた。『韓非子』※に―和氏の璧《へき》―という話がある。和氏という者が宝玉を王に献じたが、石と鑑定され左足を切られた。つぎの王にも玉を献じたが贋物《にせもの》と言われ右足までも切られ、両足をなくしてしまった。つぎの王の時、楚山※の下で献上にも行けず三日三晩泣きつづけ、そのことが王の注目をひき、やっとそれが玉であることがわかった。

それを磨いたものを「和氏の璧」と言う。和氏は楚《そ》の人と言うことになっているが、ホータンの人だと言う人もあるようだ。

この項、落山泰彦作品集（三）「砂漠の花嫁」「シルクロードに思う」参照

韓非子（かんぴし）　韓非（?～紀元前二三四）の著書。戦国時代儒教に反逆して法的規制による君権強化を説いた。

楚山（そざん）　春秋戦国時代の国・楚にある山。長江中流域に位置する。

謎を秘めた石像は奈良の明日香や九州豊後《ぶんご》の臼杵の石像が代表的だが、もう一つ忘れてはならないのが万治の石仏である。

（四）万治《まんじ》の石仏

万治の石仏は長野県下諏訪町の中山道の道端に鎮座している。この石仏、輝石安山岩でできているが、土に半分埋もれた胴体の上に顔がちょこんと置かれている。従って首はなく石の顔が主で胴体は添え物である。胴体には印を結び、袈裟《けさ》や衣《ころも》の衣文《いもん》も彫ってある。顔は高さ63㎝、幅39㎝で面長である。顔面の半分が鼻になっており、一見誰が見ても日本の石仏には見えず、アフリカあたりの原住民の顔を彷彿《ほうふつ》させる。

仏教民俗学の故・五来重《ごらいしげる》氏は名の通った石仏彫刻師の作ではなく素人《しろうと》が造った石仏だといっている。だからこそ、宗教学者以外はこれは面白い石仏だと深く印象に残るのであろう。

山岳小説家、故・新田次郎氏はイースター島の石人の頭がはるばる日本の天竜川河口に着岸したものだと小説「万治の石仏」の中で述べている。女酋長《しゅうちょう》が石人の頭をもって島を抜け出し、いろいろと冒険をしながら日本にやってきた。そして天龍川をさかのぼって諏訪湖畔まで、これを運んだというのである。

下諏訪神社、石鳥居の山田橋の袂《たもと》には、故・岡本太郎氏筆の「万治の石仏」の碑が立っている。岡本太郎氏がこの石仏を見て「世界中を歩いているが、こんな面白いものは見たことがない」と言った。そんな岡本氏の発言から一躍有名になったらしい。

万治の石仏には次のような伝説がある。

明暦3年（1657）信濃高島藩3代藩主諏訪忠晴が、諏訪神社下社春宮《しもしゃはるみや》に石の大鳥居を奉納しようとした時のこと。

命を受けた石工がこの地にあった大きな石にノミを入れたところ、なぜか石から血が流れ出したので、おそれて仕事をやめた。その夜、石工の夢枕に、上原山（現在・茅野《ちの》市）にいい石材があると告げられ、はたしてそこに良材をみつけることができて鳥居は完成した。石工たちはこの不思議な石に阿弥陀如来をまつって記念とした。

（今井広亀著『諏訪の石仏』諏訪教育会発行）

私の見た万治の石仏

仏の顔をじっと眺めていると、とても日本人が彫ったとは想定しがたい。やはり私も外国人が彫ったと考えたいが、新田次郎の小説のように遠いイースター島にあった像の顔とは考えづらい。

私はこんな考え方をしている。

貨物船がアフリカの遠い国から航海中であったが、台風の襲来《しゅうらい》で静岡の清水港の沖合で難破して乗組員8名の内、泳ぎの達者な船長だけがマグロの延縄《はえなわ》漁船に助けられた。マグロ漁船の船長は彼の体の回復を待って、漁船の乗組員として4～5年間働かせてやるのだった。しかし、彼はいつまでたっても一緒に働いていた乗組員のことが忘れられず、機会があれば霊を弔うために何か、この地日本に残しておきたいと考えるようになった。

マグロ漁船の親方でもある船長に理由を話し、2、3年すれば必ず戻ってくると、しばしの休暇をもらった。天竜川に沿って放浪の旅を続け、いつしか諏訪の里にやってきた。ここの石工屋で働かせてもらい、2年の間に石を切ったり彫ったりする技《わざ》を修得した。

ある日のこと下諏訪神社の近くで、土の中に埋《うず》まり、一部が地表に出ている岩を見つけた。よし！　これだと思いつき、その岩の上に頭を載せることに決心するのだった。勿論《もちろん》かつての友の顔を思い浮かべ、必死になってお寺で見た仏の顔を彫り続けた。石工屋の棟梁《とうりょう》は最初黙って見ていたが、一心不乱にノミを打ち続ける彼を見て、細かいところは手助けをしてやるのだった。

岩の上に彫り終えた仏の顔をのせ、手を合わせ一晩その場を離れようとはしなかった。棟梁は僧を呼んで亡くなった7人の霊をねんごろに弔うのだった。

その後年月がたち、旅の僧で彫刻の巧みな人が、この岩の胴体に印を結んだ手を彫り、衣《ころも》や衣文《いもん》も彫って石仏として完成した。人々はいつの頃からか万治の石仏と呼ぶようになった。

ときは万治3年（1660）のことであった。願主は浄土宗の僧二人の名が刻まれている。

皆さんも長野の諏訪に行かれたら、ぜひ足を伸ばしてこの「万治の石仏」をご覧頂きたい。

※口絵　万治の石仏

V

物語に出会う旅

その一　カンボジアの旅より

クメール語でアンコールは王都、ワットは寺院、トムは都城を意味する。勿論、世界文化遺産に登録されている観光の目玉商品である。クメールとはインドネシア系民族で、カンボジア住民の大部分を占める。言語はビルマ語系、敬虔《けいけん》な仏教徒が多い。古くはインドネシア中南部を中心に統一国家を形成、12世紀にアンコール・ワットおよびアンコール・トムが建設された。アンコール・ワットはヒンドゥー教寺院として造営されたが、16世紀後半に宗旨替えがあり、仏教寺院に改修され、現在も上座部仏教寺院である。上座部とは大乗仏教に対して小乗仏教のことである。因みにインドの旅で学識あるガイドが仏教はヒンドゥー教の一部であると言っていたので大きな変換ではないと私は考えている。

ヒンドゥー教徒とイスラム教徒（ムスリム）はお互いに敵対心を持っていることが多い。

(一) アンコール・トム

アンコール・トムは王国の都城にふさわしく周囲12km、幅130mの環濠《かんごう》に囲まれ、巨大な5つの城門を構えている。アンコール王朝、最後の栄華を極めたジャヤヴァルマン7世は、偉大なる王として君臨《くんりん》していた。仏教を篤《あつ》く信仰していたため数多くの石像建造物をこの世に残した。その王都もアユタヤ朝との戦いに敗れてからは、長い間放棄されたまま深い眠りにつき、再び現在にその姿を現してきた。木造の王宮や館は朽ち果ててしまったが、各所に残る不死身の石像建造物の遺跡群が残っているのだ。

ガイドに案内されてバイヨン寺院の南大門の入口にやってきた。5つの城門にはそれぞれ観世音菩薩の四面仏顔が彫られている。観世音菩薩はやさしい笑顔を浮かべ私たちをあたたかく迎えてくれた。建設当時は眼を見張る美しい姿であったであろう。密林の中で置き去りにされ、それでも朽ち果てずに往年の姿を残しているのだ。うす暗く汚れ、しかも白い苔が所々にはびこっている。正しく滅びの美がこの世に残っているのだった。

東側正門のテラスからバイヨン寺院内に入ると、アンコール・ワットの構成とは対照的でその複雑さに戸惑ってしまう。内部には穏やかなクメールの微笑みの巨大な観音四面像が建ち並んでいた。

王宮を出ると象のテラスと癩王《らいおう》のテラスが両方とも３００ｍも続いている。

癩王《らいおう》のテラス

癩王のテラスと聞いて思い出したことがある。それは三島由紀夫の戯曲全三幕である。三島はタイ国からカンボジアに入り、タイのワット・アルンで『暁の寺』の小説の構想を練り、カンボジアでは『癩王のテラス』の戯曲をホテルで一気に書きあげた。

王は病魔に冒され既に赤いばらの花のような斑点が腕に現れていたが、アンコール・トムを造営しバイヨン寺院を建設してゆく。雄大な愛と夢のロマンをアンコール王朝の衰亡とともに描き出している。王の肉体が崩れ去っていくにしたがって、威容な観世音菩薩が完成していく様子を王の精神と肉体の対比で壮大華麗に表現している。

舞台初演は北大路欣也が主演で帝国劇場で演じられた。

私は帰国後、三島由紀夫の『癩王のテラス』を読んだ。

「バイヨンの微笑」と呼ばれる
アンコール・トムの四面仏顔塔

戯曲の最後の場面で、王の精神と肉体の対話がある。その一場面から引用すると、

精神　バイヨンを企て、バイヨンを建て、末代まで名をのこし、千年のちの人もこれを見て、魂ををののかせるやうなものを地上に置いた。この美しさ、この荘厳さ、これを成したものは石ではない。石は材料にすぎぬ。これを造ったのは精神なのだ。

肉体　（高らかに朗らかに笑ふ）その精神がもうバイヨンを見ることもできないではないか。その精神も肉体の目をたよりにしてゐたからだ。

『三島由紀夫全集』25（発行所・新潮社）

昨年（令和2年）より本年にかけて新型コロナのパンデミックが、世界の国の人々を恐怖に陥《おとしい》れた。この「癩王のテラス」の戯曲の中で王がナーギー（蛇神の娘）と褥《しとね》を共にする場面がある。癩病《らいびょう》にかかったのはこのナーギーの娘にうつされたからだという。コロナウイルスも動物のコウモリや竹ネズミが元々もっていて、それが人間に感染したとも言われている。いずれ科学的に解明され、そのうちワクチンが開発され、すばらしい治療薬もでき病気は治まるだろう。

三島由紀夫は昭和45年（1970年）45歳でこの世を去った。『暁の寺』は43年、『癩王のテラス』は亡くなる前年の44年に書いている。私は「東京とっておきの旅」で皇居、国会議事堂、陸上自衛隊市ヶ谷本部等を見学したことがある。三島が演説したバルコニー、そして割腹《かっぷく》自殺した総監室に入れてもらった。ここで三島が日本刀で切腹するという壮絶な死を遂げたことは信じ難く複雑な気持ちになったことがある。

因みに、癩病はノルウェーのハンセン博士が癩菌を発見したことからハンセン病とも呼ばれている。感染力の極めて弱い細菌で遺伝性の病気ではなく、早期発見と適切な治療により現在では確実に治すことができる。

かつて我が国では「らい予防法」の下で隔離政策がとられたこともあり、患者や家族が強い偏見や差別を受けた時代があった。ハンセン病については正しい知識と理解を持ち、このような差別や偏見はなくしていこう。

（二）アンコール・ワット

アンコール・ワットの正面入口にやってくると結婚式を終えたカップルが親族や友人たち

と一緒にこちらの方にやってきた。花婿は白のスーツ、花嫁は黄色のドレス姿であった。私たち一行は拍手でもって祝福した。

　アンコール朝の全盛期は9世紀から６００年も続いた。王たちは美しい芸術品をカンボジアの密林のなかにつくりあげた。その中でもアンコール・ワットが逸品中の逸品である。

　このワットは１１１３年から30年余りの歳月をかけスーリヤヴァルマン2世がヒンドゥー教の太陽神・ヴィシュヌ神に捧げるために建造した。王の死後は墳墓寺院になった世界屈指の大伽藍である。ガイドの説明によると、王は自らの宇宙観をアンコール・ワットで具現化しようと試みた。環濠《かんごう》は大海、回廊・壁はヒマラヤ連峰、そして5基の塔は神々が住む須弥山※を表している、と言う。中央の尖塔は高さ65mもある。

　参道の両側には守護神ナーガ（蛇神）の欄干《らんかん》があり、西塔門をくぐり抜けると第1回廊がある。私の目を釘付けにしたのはこの回廊の石に施された物語の浮き彫りであり、又、数千

アンコール・ワットの全景

須弥山（しゅみせん）　仏説で、世界の中心にそびえ立つ高山。「しゅみ」は梵語（ぼんご）で妙高の意。

体もある女神像であった。回廊の広く長い石の壁面にはインドの民族的叙事詩「ラーマーヤナ」や「乳海攪拌《にゅうかいかくはん》」の神話を題材とした浮き彫りがある。天国と地獄、神と怪物の戦闘シーン、王の行進など雄大なテーマが200mにわたり延々と展開しているのは見応えがある。

この寺院が最初ヒンドゥー教であったことが、これらを見れば一目瞭然であるが、後の世に仏教寺院に変わっていくのである。

ここでインドの叙事詩「ラーマーヤナ」と神話の「乳海攪拌」について、ふれておきたい。

叙事詩「ラーマーヤナ」

古くから人々の間で語り継がれてきたものが、2世紀の末頃に現在の形の物語になったと言われている。この物語はインドの人々にもてはやされていたが、後に東南アジアにも伝わっていった。日本には中国から伝わってきた。簡単な粗筋は以下のようになっている。

ラーマはコーサラ国（ガンジス河中流域）の王子として生まれたが、その子は悪魔ラーヴァナをほろぼすために天より降ってきたヴィシュヌ神の化身だった。彼は母と異なる王妃の嫉妬《しっと》にあい、妃スィーターと弟ラクシュマナーを伴って森の中を放浪することになった。

悪魔のラーヴァナは怒り、スィーターを誘拐してしまった。それを知ったラーマは猿王スグリーヴァとその部下の猿の助けをえて、ランカー城に攻め入り10の頭をもつラーヴァナを討《う》ちほろぼした。スィーターはラーヴァナとの浮気を疑われ、身の潔白をあかすため火中に身を投じた。それを見た火神アグニは彼女を救う。

ラーマはスィーターを伴ってコーサラ国に戻り王位につくのだった。

神話「乳海攪拌《にゅうかいかくはん》」

神々は失われた活力を取り戻そうと、大海を攪拌して不老不死の霊薬を得ようと考え、魔神たちに協力をお願いした。

ヴィシュヌ神の命令で、シェーシャ龍王がマンダラ山を引き抜いて攪拌の棒をこしらえた。ヴァースキ龍王がそれを廻す紐となり、魔神たちは棒の龍の頭を持ち、神々が尾の方を持ちぐるぐると廻した。ヴィシュヌ神は棒を固定するために亀の姿となって台座の役をした。

この攪拌によって海は乳となり、泡立ってパーリジャータ樹、月、ヴィシュヌの妃ラクシュミー女神、天女アプサラスなどが現れ、最後に不老不死の霊薬がもたらされた。悪魔たちはそれを奪って飲もうとしたが、ヴィシュヌ神は美女に変身して悪魔を誘惑し、そのすきに霊薬をとり返して神々の手に渡し、皆はそれを飲んで悪魔たちを追い払うのだった。

アンコールの歴史絵巻

本日のメインスケジュールは、ビュッフェスタイルの夕食とミュージカル風に仕立て上げられたアンコール・ワットの歴史絵巻である。料金はディナーを入れて80US$はこの国の物価に比べると高価で勿論オプションになっている。

夕食の席で二人連れの女性と一緒になった。旅も四日目となるとお互い打ち解けて親しく話ができる。私の席を二人の間に座って下さいと女性の方からすすめられた。この旅で私は柄《がら》になくおとなしくしていたので、その褒美《ほうび》だろうか。いやいやアンコールの女神の粋《いき》な計らいに違いない。二人の間柄をきくと、大手銀行の元同僚で退職後も大阪と神戸須磨に住んでいてお付き合いをしているらしい。

舞台のショーは一昔前の話なので大半はきれいに忘れている。そこで当日の手許《てもと》のパンフレットを頼りに記憶を甦《よみがえ》らせてみた。

民族舞踊がありアンコールの物語がディスプレイで上映され、サウンド・水スクリーン及びスペシャル出し物も現れ、私たちは古代帝国に連れて行かれた。アプサラスの独特なダンスは圧巻であった。

場面（1）　さびれた帝国の探検

1860年フランスの自然学者であるアンリ・ムオとその一行はシャム（タイ）、ラオスといった黄金の地の周辺調査を進めてカンボジアに至った時、地元住民から巨大な宮殿に関する言い伝えをきいた。一行がジャングルを押しのけ、その地に行くと巨大なアーチ門が姿を現した。

アンリ一行は目の前に広がる光景に驚き唖然《あぜん》とした。そして本当に生きているような優雅な姿の天女アプサラスのレリーフを一瞥《いちべつ》した時、アンリは呪文《じゅもん》にかかったかのようにアンコール・ワットの繁栄した時代に引き戻されるのだった。

場面（2）　クメール帝国の起源

大昔のこと。タオという名の王がコークタローク島に行幸した。美しい風景に夢中になっていると、潮が満ちて陸と島をつなぐ道がなくなってしまった。タオ王の一行は帰れなくなり、その島に泊まることになった。

龍王の娘ニヤックが変身して従者を引き連れて浜辺に水遊びにやってきた。タオ王はニヤックに一目惚れをして恋仲となり、やがて結婚の約束までしてしまった。タオ王はニヤックに結婚式の貢物《みつぎもの》を持って7日後に戻ってくると、約束した。一方のニヤックも父の龍神に許しを請《こ》うため龍王界に戻って行った。

7日たち貢物を持ったタオ王の一行が約束した通り水上の島に戻ってきた。龍王は貢物を受け取り、タオ王を娘婿と認めた。

その時のことだ。突然、龍王は神通力でもって島の周りの水を吸い上げて巨大な大地にと変えてしまうのだった。そしてその都をタオ王とニヤックに統治させることになった。

タオ王を初代王に任命し、ニヤックを皇后としてこの王国に大カンボジアという国名を与えた。

場面（3）　偉大なるアンコール・ワット

カンボジアはこの地を起源とし、以降クメール帝国の領土を拡大しながら、数百年にわたり統治が続いた。そしてスーリヤヴァルマン2世の時代になり、王はヒンドゥー教の信徒である国民と共に、ヴィシュヌ神を祀《まつ》る巨大な聖地を建設しはじめた。これこそがアンコール・ワットなのである。

天女アプサラスが言うには、宮殿の建造に使用した石は、この地から遠く離れたパノムグレン山から運ばれたもので、建造にあたった労働力は十万人を数え、さらに宮殿回廊の彫刻《ちょうこく》には数千人の職人が、今の世に残すためにほぼ40年間も費やした。

場面（4）　アンコール・ワットの栄光時代

天女アプサラスの説明を聞いて、アンリは信仰の強さを称賛した。信仰の強さが偉大で美しい大宮殿を建設したのだと思った。自分達の国・フランスではその時代これほどまでの信仰がなかったから大建造物ができなかったのかもしれないと、思うのだった。アンリは神への信仰によって互いに助け分かち合い、金銭に執着せずに善行を行ったこの地の人々の生き方に感心するばかりだった。

場面（5）　天女アプサラスの伝説

アンリは帰らなければならない時がきた。

不思議な力によって過去の繁栄した帝国へと自分を引き戻すことができた彼女は一体何者なのかとアンリは尋ねた。アプサラスは、私は天女でこれは自分に授かった任務の一つであると前置きし、次のように答えた。

天人や神々が飲めば不滅となるアムリタ（不老不死の聖水）を手に入れるため行われた乳海攪拌に起源を発するもので、単にこの大宮殿におけるわずか千年の話ではなく、果《は》てしなく続く終わりのない任務であると、話すのだった。

そこでアンリはアプサラスにお礼として次のような約束をした。人々が強い信仰心を持ってこの神聖な地に再び崇拝しに来るように、もう一度このアンコール・ワットを神々の魂の住処《すみか》に相応しい美しい宮殿に戻すことを天女に約束するのだった。

場面（6）現在へ

アンリは幻想から覚め、元の場所アプサラスの石彫刻の前に帰ってきた。その間、仲間たちはみんな心配し、必死になってアンリを探し回っていた。仲間の一人が手を伸ばして前方のレリーフに触《さわ》ろうとした時、アンリは大声で制止した。そして天女の邪魔を決してするなと全員に強く告げた。

天女である彼女と約束した通りに、この宮殿の平和と保護が維持できるようにする重大な責務が、アンリに待ち構えているのだった。

やがてカンボジア王国は、クメール文明の偉大さを世界の人々の目に明らかにしていくのだった。

舞台劇は終わった。私の「カンボジアをゆく」旅も終わった。明朝シェムリアップ空港を発ち帰国する。たった一回の旅でこれほどまでによく理解できた国は数少ない。

おそらく、いつの間にか天女アプサラスがいろいろと私にも手筈《てはず》を整えてくれていたに違いない、と思えてくるのだった。

アプサラスのレリーフ

その二　インド・ネパールの旅より

（一）釈迦物語

私はインドに行き、お釈迦さん（釈尊）の面影が残る史跡を見学したいと思い旅立った。自分は僧侶ではないが、仏教の奥深い教えを少しでも多く学び、日常の生活の中にとり入れて充実した日々を送りたいと思ってのことだった。日本人はとかく無信心者が多いと言われているが、それでも年中行事の中には仏教、神道、ときにはキリスト教系のものも、かなり入っており、宗教として意識せずにいろいろなものを素直に受け入れている点も多いと思う。ましてや仏教の中にも真宗、浄土宗、真言宗、禅宗、日蓮宗等多くの宗派があり、これもふだんはあまり意識せず、全てほぼ同じ仏教と考えている人が多いと思う。

今回釈迦物語を書くにあたり、そんな日本人の一人として少し自分自身に抵抗を感じながら筆をとった。旅先で見聞したことや親鸞上人の教えや、仏教学者の中村元《はじめ》氏や元龍谷大学学長の上山大峻《たいしゅん》氏の書物や両氏の講演を思い出しながら、そして最近では僧侶で学者の桜井俊彦氏の書『インド仏跡ガイド』を読み、書いてみることにした。尚、退職間もない頃、龍谷大学の講座に聴講生として通い、講師より勧められた上山学長の仏教入門書『仏教を読む―釈尊のさとり　親鸞のおしえ―』を大学内の本屋で買いもとめていたものも、今回参考にしながら書き進めることにした。

釈尊の四大聖地

今より約2500年前にインドに生まれたゴータマ＝シッダルタは悟《さと》られた後は釈迦族の尊者、すなわち釈尊と呼ばれて今日にいたっている。悟るとは誤った生き方をしていた者が、正しい世界観と人生観に立って「本来の自分を回復する」ことだと上山大峻氏は述べている。釈尊は悟りを開いて仏となられたが、仏とは「ブッダ buddha」すなわち「目覚めたもの」という意味だそうだ。

釈尊の四大聖地とは誕生の地・ルンビニー、成道《じょうどう》（悟りを開くこと）の地・ブッダガヤー、初転法輪《しょてんほうりん》（初めての説法）の地・サルナート、入滅《にゅうめつ》の地・クシーナガルである。これらの四大聖地以外で、雨季に釈尊が修行僧たちに教えを説いた学問所、祇園精舎にもふれたい。

①誕生の地・ルンビニー

ルンビニーは昔はインドの国に属していたが、1951年にネパールが独立してからは、ネパール領になっている。しかしこのルンビニー附近は国境という感覚はなく、人々も自由に行き来している。

釈迦の史跡はルンビニー園があり、近年まで荒廃していたが、国連の提唱で復興事業が開始され、2005年に整備が完了している。ここには「マーヤー堂」や釈尊が産湯《うぶゆ》につかったといわれる池があり、マーヤー堂の隣にはアショーカ王時代の石柱が鉄の柵で囲まれて建っている。マーヤーは摩耶《まや》夫人とも呼ばれ釈迦を生んで七日後に他界した。その後釈迦は母の妹にあたる義母の妃に大事に育てられるのである。

1896年、考古学者が半分土に埋もれていたアショーカ王の石柱を発見したといわれている。高さ7・2mの石柱には古代文字で次のように書かれている。〝この地は釈尊誕生の地なので租税を免除する〟

かつて玄奘三蔵もこの地を訪れ、『大唐西域記』には次のように石柱のことを記《しる》されている。

〝上に馬の像が作ってある。無憂王（アショーカ王）が建てたものである。後に悪龍の雷鳴での柱は中ほどから折れ地に倒れた〟馬の像は多分間違いで獅子（ライオン）の像である。その頃、玄奘三蔵はライオンを見ていなく、馬だと思っていたようである。

ここでアショーカ王のことにふれておきたい。

アショーカ王はマウリア朝の第3代王である。マウリア朝は前4世紀後半におこったマガダ国の王朝で、初代のチャンドラグプタから前3世紀の第3代アショーカ王にかけて強大になり、北インドを統一して、デカン高原から南インドを除く全インドにまで勢力を拡大していた。しかし、王の死後しだいに衰え、シュンガ王朝、カーンバ王朝がこれにかわり、インドは分裂状態になった。

それでは小学2～3年生の頃の、私のお釈迦さんをめぐる思い出話をしておこう。

祖母はなの杖代わりになって、よく菩提寺の法楽寺に連れていってもらった。そのあいだによく釈迦の話をしてもらった。

「お釈迦さまはとても賢い人で、生まれてすぐに七歩歩かれ、それからすくと立上がり天と地を指さされたんだよ」

私は子供心に、いくらお釈迦さまが賢い人といってもこの話は少し変だと思った。その後の読書で、七歩歩かれた話は、当時のインドのタライ地方では、産湯《うぶゆ》のあと赤ん坊の足を持って七歩東西南北に歩くまねをさせる習慣があったという説があり、なるほど、ここから出ているのだなと納得した。

そして祖母はこんな話もしていた。

「インドの国は暑いので、4月8日の花祭りにはお寺に行ってお釈迦さんの頭に甘茶をかけて涼しくしてあげるんだよ」

釈尊が誕生されたとき、産湯に使われたという池がマーヤー堂の前にある。1931年に発掘されたものである。生まれてすぐ七歩歩いて右手人差し指を天に向けて「天上天下《てんじょうてんげ》唯我独尊《ゆいがどくそん》」と宣言されたという伝説は有名である。六歩は六道輪廻《りくどうりんね》を意味し、その迷いの世界から更に一歩多い七歩進まれたというのは解脱《げだつ》（さとり）を意味していると学者たちは言っている。

インドでは釈尊の頭に古代、香りのある水をかけていた。やがて中国、韓国、日本では釈尊の誕生日（花祭り）に甘茶をかける風習になっていった。灌水《かんすい》を頭に注ぎかける儀式は灌頂《かんじょう》といって仏位に登ることをさすと「華厳経《けごんきょう》」にある。

釈尊の生涯

紀元前463年頃（前565年の説もあり）、ルンビニー園でシャーキャ（釈迦）族の王子として生まれた。父はシュッドーナ（浄飯王《じょうはんおう》）、母はマーヤー（摩耶）。誕生後母は七日目に亡くなっている。

釈尊は16歳の頃、ヤショーダラと結婚、ラーフラ（羅睺羅）をもうける。住んでいたカピラ城の東西南北の門から城下に出てみるに、老人や病人、死者、修行者の多くに出会い、そこで人生の四苦を観じて、出家を決意するのだった。この「四門出遊《しもんしゅつゆう》」の物語は有名で戯曲化もされている。『過去現在因果経』に老人のことが語られている。王子が従者にいろいろと老を聞いている。その中で一人の老人を指さし、この人だけがこんな姿になるのではない。「一切皆、悉《ことごと》くかくの如くなるべし」。

この話を聞き、王子は大苦悩が生じて出家を決意するのだった。

29歳にて出家し、6年間の苦行の末、35歳にて成道し仏陀となり、以後45年間は説法遊行に徹し、80歳にてクシーナガルで入滅《にゅうめつ》。

釈尊は実在の人なのか

これだけの立派な人物、果たして本当に生きておられたのだろうか、と私自身訝《いぶかし》げに首をひねる。当然こんな思いをするのは、私たちだけでなく学者たちも考えたに違いない。

1898年、考古学者ペッペがインド北部ピプラーワー（ネパール国境近くの仏教遺跡）で遺骨を納めた壺を発見した。それには、紀元前3世紀頃の書体で、釈尊の遺骨であることが記されており、釈尊の実在が証明された。この舎利容器はニューデリー国立博物館に陳列されている。

ピプラーワー出土の舎利容器
（前5～4世紀。ニューデリー国立博物館蔵）

②成道《じょうどう》の地・ブッダガヤー

釈尊が悟りを開かれたブッダガヤーの地は今でも仏教徒たちにとって最も重要な聖地になっている。

ブッダガヤー・仏陀伽耶《ぶっだがや》は現在ではボードガヤーと呼ばれている。インドのビハール州ガヤー市街の南方11kmにある。ここで釈迦は成道して仏陀となったからブッダガヤーと呼ばれるようになった。玄奘三蔵は『大唐西域記』の中で、このあたりのことを菩提樹《ぼだいじゅ》と金剛宝座《こんごうほうざ》（成道時の座所）、そして高さ50ｍの金像の彫刻がはめ込まれた大塔や大菩薩寺、石室（6年間の苦行をされた室）などがあり、盛んに活動していた様子を今の世に伝えている。

今でも19世紀の終り頃、修復再建された大塔があり、寺も建てられスリランカ、ビルマ、タイ、チベット、中国、日本の各国の寺がある。そして博物館には貴重な遺物が展示されている。

菩提樹の下の金剛宝座

菩提樹は今日でも、あちこちに大樹となり茂っている。この樹のもとで悟り（菩提《ぼだい》）を開かれたことから「菩提樹」と呼ばれるようになったといわれるが、もともとはクワ科の一種である。

菩提樹や繁りて釈迦は遠き人

③初転法輪《しょてんほうりん》の地・サルナート

サルナート（鹿野苑《ろくやおん》）について

サルナートはバナーラスの北東約10㎞の所にある、お釈迦さま四大聖地の一つ。かつて玄奘法師が経典を求めて旅をした地なので、『大唐西域記』には鹿野苑と漢字での地名紹介もある。その昔には奈良公園のように鹿が群れ集まっていた所だったと思われる。一説によると奈良公園の放し飼いの鹿はここをモデルにしたといわれている。今は鹿の姿は一匹も見当たらなかった。公園の片隅に金網で囲われ飼われているらしい。

釈尊がここで初めて五人の僧に「修行僧らよ」と呼びかけ説法したので初転法輪の地と呼ばれている。

説法の内容は、中道・四種の真理・八正道《はっしょうどう》などと呼ばれる教典にまとめられている。中道とは欲楽に耽《ふけ》る極端にも、苦行して自分を苦しめる極端にも近付かぬことである。また四種の真理とは、生・老・病・死の四苦である。この苦しみを止滅するには八正道、すなわち正見（正しい見解）・正しい考え・正しい言葉（悪口、妄語、綺語、両舌を離れる）・正しい行ない・正しい生活・正しい努力・正しい念い、正しい瞑想（正しい精神統一）を実践すべきだと説いた。

それらの八つの中で最も重要なものは正見である。これにより他の七項目が充実し、実践で正見を育てるといわれている。

サルナート公園

・迎仏塔

サルナートの入口に迎仏塔（チャウカンディー・ストゥーパ）がある。5人の修行僧が釈尊を迎えた場所を記念して１５８８年に建てられた高さ7ｍほどの八角形のレンガ造りの塔である。

※口絵　迎仏塔

・ダーメークの塔

僧院の遺構跡の東にダーメークの塔（ダーメーク・ストゥーパ）がある。6世紀の頃に造られた高さ約33ｍ、底辺の直径約28ｍの巨大な仏塔である。

一部はムスリム（イスラム教徒）に破壊されているが、塔の基部全体に施された幾何学模様や鳥や人

ダーメーク・ストゥーパのまわりを回る巡礼

物像や花模様が彫られたまま残っている。釈尊が「56億7千万年後の未来に弥勒《みろく》が現れて、ここで仏になり衆生《しゅじょう》（生命のあるすべてのもの）を救う」と言われたのを記念して建てられたものだといわれる。

・初転法輪寺（ムーランガンダリティ・ヴィハーラ）

ダーメークの塔の東側にあり、1931年スリランカの高僧によって建設された。正面に石で造られた黄金色の釈尊像が鎮座し、祭壇の下に仏舎利が安置され、三面の壁面には高僧ダルマパーラの依頼で、日本の野生司《のうす》香雪《こうせつ》画伯が、釈尊の一生を描いている。

※口絵　初転法輪寺

・考古学博物館

インドの国章にもなっているアショーカ王の柱頭のライオン像や、黄白色の砂岩でできた初転法輪仏座像など、サルナートの地で発見された出土品が展示されている。アショーカ王の石柱は玄奘

初転法輪像

三蔵が記していたとおり、1905年の発掘で発見された。残念ながら基部と上部に割れており、基部は野外に展示されていた。

・聖地バナーラス

ヒンドゥー教徒にとっては、ここは憧れの聖地である。ムスリムは無関心だが仏教徒、キリスト教徒（クリスチャン）等もこの地にたくさん訪れる。人口100万ぐらいの町に年間7〜800万の人が訪れるらしい。

バナーラスは銅、綿などの特産品を持つと同時に、シヴァ神を祀る町として、紀元前1千年紀には既に大きな集落を成していたという。世界でも数少ない古さで桁違いの古都である。一時はイスラム軍に町を奪い取られた時代もあったという。

大河ガンガ（ガンジス河）

早朝ホテルを出発し暗闇の中を懐中電灯を手にガンガのガートと呼ぶ沐浴場にやってきた。沐浴は斎戒《さいかい》とも呼ばれ心身を清めることである。夜も白々と明けてきた。ガートは増水にも備え何段もの石段でできている。ここで小舟に乗りガンガの日の出を待つことになった。夫婦連れの奥さん達に掌《てのひら》くらいの花弁でつくられ中にローソクの立つ聖花が手渡された。火が灯され聖花が次々とガンガに流されていった。空一面が明るくなり太陽が空を染め、河を染め、神々しく昇ってきた。

深い河日の出が染めて聖花《はな》浮かぶ

誰もが思わず手を合わせている一瞬である。小舟の中からガートを見れば、おでこに朱色のマル印をつけ、パンツ一つやサリーを着たままで顔を洗い、身体をガンガに浸して祈りを捧げている。中には仏教徒やクリスチャンもいるようだ。私は遠藤周作の映画にもなった名作『深い河』を思い浮かべた。彼の『深い河 創作日記』を読むと、このタイトルは最初に『河』としていたが黒人霊歌の「深い河」を思い出し、タイトルを変更したと書いている。私の駄句もガンジスやとせずに深い河としている。

※口絵　ガンガの夜明け　ガンガの沐浴風景

かつての大昔にはお釈迦さまもこの地を訪れたに違いない。玄奘三蔵もこの地に立寄ったことだろう。

玄奘三蔵が東アジア世界に残した最大のおくり物は「般若心経」である。又『大唐西域記』は7世紀前半の中央アジアやインドの状況を知ることができる唯一の資料である。

——妻との会話より

「わたし、ここに来てガンジス河での沐浴はできないまでも、せめて聖花にのせて、いろいろな日頃の悩みや汚《けが》れぐらいは流したいと、前々から思っていたの」

「そうかい、それはよかった、よかった。インドには行かないの、と時々聞いていたのは、このベナレス（バナーラス）に来たかったんやなと、やっとわかったよ。ところで幼なじみの仲良しだった天理教会の亡くなった美代ちゃんの写真は持ってきたの」

「もちろん、いつも旅に出る時は肌身離《はだみ》さず持ってきてるよ」

「この地はいろんな宗教の信者が身を清めに来る所だから、美代ちゃんも流してあげたら天国で喜んで弘ちゃんのことも思い出してくれるよ」

　妻の弘子は少し淋しげな顔をしたが、すぐにっこり笑った。その弘ちゃんも私に先立って令和元年（２０１９）10月の終わりにあの世へと旅立って行った。

　今となってはあのときインド旅行が一緒にできてほんとうによかったと思っている。遺品の整理を少しずつしているが、美代ちゃんの写真は今のところでてこない。あのとき本当に流してしまったのだろうか。今となっては弘ちゃんに聞くこともできない。

阿弥陀経《あみだきょう》

「仏説阿弥陀経」は仏（釈尊）がインドの祇園精舎で1250人の修行僧とともにおられた時にされた説教である。その中に「恒河沙数諸仏《ごうがしゃすうしょぶつ》」という経文がある。恒河とはガンジス河のことで「恒河の砂の数ほど諸仏がおる」の意。「恒河沙数諸仏」はこのお経の中に5回もでてくる。

「極楽」と名づけられる世界があり、そこには阿弥陀仏という仏がおられ、この仏の不思議な功徳を称賛されている。そして極楽への往生を願う生ある者にはお念仏の道を勧める、と説いている。長老舎利弗《しゃりほつ》の名が何回もでてくるが、聴衆を代表して釈尊が彼の名を呼んでいる。舎利弗を自分自身の名に置きかえて読んでみると、このお経のありがたさがよくわかるような気がする。

大河ガンガ（ガンジス河）はヒマラヤの高山に源を発し、何本もの川が一つとなりベンガル湾に注いでいる。ここバナーラスの地でく・の字形に曲がりながら、南から北東に静かに流れている。インド半島では南から北に流れている所は珍しく、ここが聖地と言われる由縁の一つかもしれない。

太陽が昇り明るくなってきた。よくよく見ると、ガートのある西岸に20を超す沐浴場や旅館、旧藩主の館、尖《とが》った屋根だけを覗かせる無数の寺院がある。

あらゆる宗教や人種に関係なく、人々は諸々の悩みや、死の恐怖をやわらげ、個々のもつ人間の業《ごう》※を流してくれるというガンジス河は今日も悠然と流れている。

一方の東の対岸は林の前に広い砂浜が広がるだけで、建物は何もない。聞くところによると、この東岸は不浄の地とされているらしい。この東岸と西岸は0対無限数であるのもバナーラスの大きな特徴と私は感じた。インドは0発見の国でもあるからだ。

初転法輪でゴータマ・ブッダ・釈尊の教えを聞いた僧たちは悟りを開いて出家し、釈尊と行をともにすることになる。この初転法輪以来、80歳で入滅するまでの45年間、雨季は庵で弟子たちと修行し、乾季にはガンジス河の中流域で辻説法をして歩き続けた。インドの気候はおもに酷暑期（4～5月）、雨期（6～9月）、乾期（10月～3月）に分けられる。

業（ごう）　身・口・意が行う善悪の行為。特に悪業をさし、輪廻転生説に深くかかわっている。

④入滅《にゅうめつ》の地・クシーナガル

クシーナガルは北インド、ウッタル・プラデーシュ州の北東部にあたる高原でカシアがその場所だといわれている。この地には「涅槃《ねはん》堂」「荼毘《だび》塔」「アーナンダ塔」がある。クシーナガルは古代末羅《まつら》国（マッラ族の居住地）の城名だとされる。釈尊は80歳の時、この城の北方にあった娑羅《しゃら》樹の林に入り、二本の大木（双樹）の下に身を横たえて頭を北に、右脇《わき》を下にして息をひきとられたという。

愛《まな》弟子のアーナンダ（阿難）が昼夜にわたり、一生懸命、介護をした。『大般涅槃経《たいはつねはんぎょう》』にはその場面を次のように叙述している。

〝アーナンダよ。私に上衣を四重にして敷いてくれ。わたしは疲れた。……アーナンダよ。私に水をもってきておくれ。私はのどが渇《かわ》いた。……アーナンダよ。わたしのために、二本並んだサーラの樹（沙羅双樹）の間に、頭を北に向けて床を用意してくれ。アーナンダよ。わたしは疲れた。横になりたい。〟

そして「臨終のことば」は

〝さあ、修行僧たちよ。お前たちに告げよう。もろもろの事象は過ぎ去るものである。怠ることなく修行を完成しなさい。〟

これが修行をつづけてきた末の最後の言葉であった。

アーナンダとのお別れの言葉。

〝アーナンダよ。悲しむな。嘆くな……

慈愛ある、ためをはかる、身と言葉とこころとの行為によって長い間、ゴータマによく仕えてくれた〟

※中村元訳『ブッダ最後の旅』より

釈尊の遺体は荼毘《だび》（火葬）にふされ、遺骨は釈尊をしたう八部族に分けられたという。そして遺骨の供養は出家者はかかわらず、在家信者が担当したといわれている。

アーナンダは釈尊を見送った時はまだ凡人であった。周りの修行僧は悟りを開いていたが、一人とり残されていて皆んなの視線は冷たかった。その後アーナンダは修行三昧《ざんまい》に明け暮れし、遂に悟りを開き周りの人から尊敬されるようになったという。

涅槃堂に安置された涅槃像

⑤祇園精舎

四大聖地以外で釈尊が雨期に修行僧たちに仏教を教えた学問所、祇園精舎にもふれておきたい。

平家物語の冒頭「祇園精舎の鐘の声、諸行無常の響きあり。沙羅《しゃら》双樹の花の色、盛者必衰《じょうしゃひっすい》のことわりをあらわす。おごれる人も久しからず、唯春の夜の夢のごとし。たけき者も遂にはほろびぬ。ひとえに風の前の塵《ちり》に同じ」

日本人にはお馴染《なじ》みの地である。

サールナートの北方にあり、今はサマート・マヘート村となっているが、釈尊の時代にコーサラ国の宮殿があった所で漢訳され舎衛城《しゃえいじょう》と呼ばれていた。この地に長者スダッタの大屋敷があり、仏教に帰依した長者は釈尊にこの地を寄進した。考古学者の調査によると祇園精舎の広さは約2万坪だったという。かつては98もの伽藍《がらん》があったと伝えられている。

祇園精舎は、12世紀末、イスラム軍の侵入により崩壊してしまった。その後は荒廃したままジャングル化していたが、１８６３年考古学者カニンガムの発掘調査で、遺跡が明らかになった。

この地の発掘調査にインド政府の援助もあり名乗りをあげた人が関西大学の故網干善教《あぼしよしのり》教

授率いる発掘隊がある。1989年に沐浴場跡等を発見している。祇園精舎の遺跡として阿弥陀教説法堂、講堂、僧房、僧院等がある。

(二) タージ・マハール伝説

メインゲートの赤砂岩でできた堂々たる正門を通り、タージ・マハールの正面にくると誰もがハッとする美しい光景が待ち構えている。白亜の大理石が輝き、廟が写真で見た通りの美しさで観光客を迎えてくれる。目の高さで見て一番調和がとれた風景に設計されているらしい。目前の公園は天国の景色をイメージして造られていると、ガイドが説明してくれた。このガイドは時々本には載っていないようなことも教えてくれるから面白い。

タージ・マハール

タージ・マハールはインド建造物の逸品というより、現存する世界有数の美しい石像建造物である。今から370年ぐらい前、ムガール帝国の5代目皇帝シャー・ジャハーンが、彼の愛した後宮のムムターズ・マハールのため建てた墓廟である。タージ・マハールとはこの妃の名前からとっており、ムムが省かれターズが変化してタージになったと言われている。その霊廟は桁外れに大きい。

タージ・マハール伝説

皇帝の権力もさることながら、狂わんばかりの後宮への愛があった。二人の間に14人の子供をもうけたが、皇帝の遠征中に妃は産褥熱《さんじょくねつ》のため亡くなった。

皇帝は妃ムムターズ・マハールの死を悼み、一週間、公に姿を見せず、政務も行わなかった。歌舞音曲は自粛され、上質の亜麻布の服を着ることもなく、涙が乾く間もなく悲しみつづけたので、眼鏡を使わないと何も見えなくなった。彼の威厳のあったあご髭、口髭もわずか数日で3分の1以上が真白になった。そして妃の死を悼み1632年から22年の歳月をかけて霊廟を建立した。そして今度はヤムナー川の対岸に、白のタージ・

シャー・ジャハーン妃、ムムターズ・マハール

マハールに対をなす黒の大理石の自分の廟を造り、タージ・マハールとの間に橋を架ける計画だった。

しかし、その夢は果たせず、王位継承戦争が起きて、晩年、息子のアウラングゼーブにより アグラ城に幽閉され、そこで失意の内に生涯を閉じることになった。墓所は最愛の妃と並んでタージ・マハールで眠ることになった。

庭園の周囲には商店が立ち並び、一帯は「ムムターズの都」と呼ばれた。

墓廟の見学

ガイドのいろんな話を聞きながら青空にくっきり浮かんでいるタージ・マハールの姿は憂いを秘めて病的な美しさに見えるのだった。

大理石の基壇の下で靴を脱ぎ、石段を上がると墓廟の内に入場できる。傷や汚れが一切ないこの建造物には驚かされる。特に私の目を釘付けにしたのは白の大理石に描かれた水仙やアイリスなどの草花の浮き彫り装飾である。黄琥珀《こはく》やラピスラズリ、翡翠《ひすい》やサファイア、赤や緑の瑪瑙《めのう》、紫水晶、珊瑚《さんご》、トパーズなどの色とりどりの宝石のモザイクを使って描かれている。

白大理石の壁面には黒大理石のアラビア文字でコーランの碑文が刻まれている。コーランの章句にある「最後の審判」の日の光景やムスリムの葬送時に読誦される「ヤー・スィーンの章」が刻印されている。最後の審判とはゾロアスター教およびアブラハムの宗教（ユダヤ教、キリスト教、イスラーム教）が共有する終末論的世界観であり、世界の終焉《しゅうえん》後に人間が生前の行いを審判され、天国か地獄行きかを決められるという信仰である。

最後の審判の日のコーラン章句。

「太陽がつつみ隠される時。幾多の星が落ちる時。幾多の山が飛び散る時……海洋が沸きたち、あふれでる時。幾多の魂が組みあわされる時、……帳簿が繰りひろげられる時。天があらわにされる時……その時こそ、魂は、そのなしたところをいっさい知る」（……は文省略）

※参考文献　美術史家 山田篤美「タージ・マハル」

最初にすさまじい地殻変動の様子が語られ、最後の審判で無事に楽園に行けるよう神の慈悲を懇願している。

建造物の装飾はアラビア文字と草花模様だけである。イスラーム教は唯一の神〝アラー〟以外の神の存在は認めていない。ヒンドゥー教のような多神教と根本的な違いがあり、一切の神や動物の姿はカケラもない。このシンプル・イズ・ベストは私には好感がもてる。

(三) ネパールの仏教遺跡

ネパールってどんな国なの?

伝説ではネ(NE)という牟尼《むに》(聖者)が最初に統治(PAL)したので、NEPALの名がつくられた、といわれている。カトマンドゥ盆地には旧石器時代より人が住んでいた。4世紀にインド・アーリア語派の王族がネパーラ王国を成立させた。以後いろいろ変遷があったが、近世になってからは清朝の朝貢国の状態が続き、さらにイギリス東インド会社と戦争をし、善戦したが敗北した。2008年に王制を廃止し、大統領選挙を行った。国名が定かでなく、日本政府が正式に「ネパール連邦民主共和国」に改めるように提案した経緯がある。国旗は四角と相場が決まっているが、この国は二つに分かれた三角形である。中に描かれている月は平和を、太陽は光を表している。

日本とネパールの関係は良好である。経済援助額はイギリスに次いで第2位である。

ネパールは南にインドという巨石があり、北にはヒマラヤ山脈があり、その向こうに中国という巨石がある。この二つの巨石に挟まれた細長い山芋の形を横にした国がネパールである。人口は２８００万人強（２０１９年）、公用語はネパール語、宗教はヒンドゥー教徒が80％ぐらい、仏教徒が11％ぐらい、勿論ムスリムも４％ぐらいいる。

インドの影響を強くうけ、変わった点では、カースト制度も依然として残っている。通貨もインドと同じくルピーである。変わった点では、食事は一日二食で日中は菓子など軽い物を口にするだけである。金曜日が半ドンで、土曜日が休日である。インドは日曜が休み、パキスタンやバングラデシュのイスラム圏は金曜日が休みなので、この日に決めたようである。

カトマンドゥでのハプニング

首都カトマンドゥは標高１４００ｍに位置しており、レンガ造りの古い家並みが残り、町のいたる所に寺院があって信仰心の厚い人が祈りを捧げている。街を歩く現地の人々の服装を見ていると、和服の作務衣《さむえ》にちょっと似たような物を着ており、何だか江戸時代にタイムスリップしたような気分になった。

ダルバーク・スクエアという旧王宮前広場や、クマリの館で生き神クマリを見て、シヴァ神の化身のひとつといわれるカーラバイラブを見に来ていた時だった。妻の弘子が街のすえた臭いで気分が悪くなり、どこかで休憩したいと言った。そういえば二人共インドの旅の終わり頃から、下痢気味で体調を少し崩していた。ガイドのマナダさんにこの旨を話したら、一緒に来ていた実習生のタパさんの案内で、今日の宿泊先ホテルに先に行って休憩をとることになった。私は見学をつづけることにした。

でも一時間ほどたつと、背の高いハンサムな好青年タパさんに連れられ戻ってきて、一緒に観光を続けることになった。やれやれである。妻は案内のタバさんが自分の好きな映画俳優（名前は忘れた）に似ていてよかったわよと強がりをいってなごんだ。

帰国後、ボランティアで度々ネパールに行っている人の話によると、カトマンドゥの舗装された大通りや横町の脇には深い溝があって、悪臭のする泥がいっぱい溜まっているらしい。この溝は完全に清掃されることなく、大昔からの汚物がしみこんでいて、どうやら弘子はそれにまいったらしい。

目玉寺（モンキー・テンプル）

カトマンドゥの起源とされる伝説の地で、この地が湖だった頃から、小高い丘の上にストゥーパ（仏塔）が建っていた。ストゥーパには大きな目玉の顔が描かれているので通称目玉寺とか、猿が多いのでモンキー・テンプルとも呼ばれている、世界遺産に登録されている寺である。この寺に巨大なドルジェ（金剛杵《こんごうしょ》）が安置されている。ドルジェは無明を打ち砕く雷《いかずち》で、真言宗でも使われる密教の法具である。ドルジェに面したストゥーパの側面に、密教の本尊、大日如来像が安置されている。私はここで五体投地しながら参道を上ってくるチベット人女性を見た。大乗仏教と違い上座部仏教徒にはかなり厳しい修行が課せられている。

ここ、スワヤンブナートは13世紀までにカトマンドゥ盆地で最も重要な仏教聖地になっていた。そして、20世紀後半には中国の武力侵入で故郷を追われたチベット人たちが周辺に住みつくようになった。

見学をおわりガイドと私は話しながらバスに戻ろうとして、先頭を歩いていたら大きな蛇が目の前を横切ろうとしたので肝《きも》をつぶした。ガイドは蛇をつかみ森の中にほうり投げた。

ネパールのガイドすばやく蛇つかむ

パタン市内観光

昨日のカトマンドゥ観光に続き、本日はパタンにやってき

スワヤンブナートの仏塔

た。パタンは別名ラリトプル（美の都）と呼ばれ、かつてはマッラ王朝の3王国の一つとして栄えた。美の都とは伝統工芸の職人の町と呼ばれるにふさわしい。マンダラを描く人や建築やその装飾品で宮廷文化を支えてきた。彼等の腕前はラサや北京でも高く評価されているという。

ダルバール・スクエア

カトマンドゥと同様に広場に旧王宮が残っている。そして王宮の向かいにはたくさんの寺院が並んでいる。旧王宮はカトマンドゥや午後より行くパクタプルより古い歴史をもち、チョークと呼ぶ中庭を囲む建物は、多い時12もあったらしいが、現存は3つのみである。一番新しいチョークは１７３４年に完成。門は美しい金の装飾で縁取られている。

石造りの寺院

17世紀に建てられたネパールでは珍しい石造りの寺院・クリシュナ寺院である。2階にはヴィシュヌの化身クリシュナ、3階にはシヴァ、4階にブッダが祀られている。これを見てもヒンドゥー教と仏教の区別がされておらず、インドのガイドが言っていた「仏教もヒンドゥー教の一つ」という考え方がわかる。逆にヒンドゥー教も仏教の一つかもしれないと私には思えるのだった。何故なら最上階にブッダが祀られているからだ。

寺院の前にはクリシュナの乗り物ガルーダ（金翅鳥《こんじちょう》）の像が建っている。ガルーダは仏教にも取り入れられて、八部衆《はちぶしゅう》の一つとされ迦楼羅《かるら》と呼ばれている。八部衆とは古代インドの邪神であったが、釈尊に教化され仏法を守護するようになった八種の天部《てんぶ》である。私たちがよく知っている阿修羅《あしゅら》も天部である。

私は旅のテーマとして「石を訪ねて三千里」の旅を続けており、インドでは残念ながら石窟寺院には行けなかったが、ここでやっと石のクリシュナ寺院が訪ねられてよかったと思っている。

石造りの寺院
（ガイドと弘子）

その三　トルコの旅より

（一）トロイア物語

トロイア遺跡はほんの一部分で、エフェソスと違って過去に読んだ本やガイドの話に聞き耳を立て想像をたくましくして往時を甦らせるしか手はない所である。

イスタンブールよりヨーロッパ側の田舎道をバスは4時間半も走り続け、その間ガイドはトルコの歴史や現在の情勢を話し続けていた。ガイドのYusuf（ユースフ）さんは呼びにくいのでユウちゃんと呼んでくれと自分から言った。苦みばしった顔と大きな体格は少し裕次郎に似たところがある。中々の博学でギリシャとトルコのガイドを天職としている。

お昼に風の強いダーダネルス海峡を渡りトロイにやってきた。市内のレストランで野菜、タラ、スープ、パンの簡単な食事をすませた後、トロイの木馬や遺跡の模型を見物した。映画「トロイ」のため舟の廃材を利用して作られた大きな黒い馬で、その中に何十人も勇敢な兵士が隠れていた、という話は有名である。

イリアスとはギリシャ神話にでてくるトロイアの別名である。

後期青銅器時代末、前13世紀末頃にミケーネ文明を創造したアカイアすなわちギリシャと、トロイアとの間にあった戦いの話である。戦いは10年も続いたが、トロイアが陥落する直前の50日間ほどの出来事が述べられた作品である。あくまでも神話の世界で神々の考え方、指示によって人間が動かされている。数々の名のある戦士たちの戦いぶりが興味深く述べられている。

ホメロスの出身地はこの近くにある港町イズミルの出身といわれ、盲目の吟遊詩人であった。この神話は前8世紀からローマ時代の長きにわたって伝承されてきた。

しかし『イリアス』の神話だけでは面白味がなく、後の世の人々は脚色して話を面白くし、話題を集めていった。映画「トロイ」は更に脚色をふかめた話であるが、最初に『イリアス』（邦訳　岩

ホメロスの胸像

波文庫）ありきである。

トロイア戦争とは

伝承されてきたトロイア戦争は次々と誰かが話を面白くし、映画「トロイ」になって最高潮に達した。

隣国同士というのは今の世でもそうであるが、昔も仲が悪かった。

トロイアの王子であるパリスが、王の命により平和使節団を連れてギリシャのスパルタに向かった。スパルタ滞在中にこともあろうに、王の妻である絶世の美人ヘレネと恋に落ちた。パリスの肩《かた》を持つわけではないが、王の妻は何人もいて后《きさき》も別にいてパリスはたいした悪事ではないと考えたに違いない。恋は盲目なのである。一般の人も私も、負けた側を判官贔屓《ほうがんびいき》するのが常である。

平和使節に行って火に油を注いできたようなもので、これが怒らずにいられようか、とギリシャ側はスパルタを中心に連合艦隊を組み宣戦布告をした。

トロイア戦争は、三女神の競争があり、それによってパリスのヘレネ強奪とトロイの木馬が浮かんでくる。しかし、『イリアス』の話は、木馬作戦の直前に生じたギリシャ側の内輪もめである。神の怒りをかい、捕虜の女性を解放せざるを得なくなった総大将アガメムノンはその代償としてアキレスの捕虜《ほりょ》を取りあげる。アキレスは命に従ったが屈辱《くつじょく》に耐えられず、戦闘から後退する。そこをトロイア勢に攻められ、アキレスの最愛のパトロクロスも戦死する。怒り狂うアキレスの戦線復帰があり、事態は一変するのである。このような筋で話は延々と続いてゆくのである。

皆さんがご存知のギリシャのアキレスがトロイアの城塞《じょうさい》の外側で繰り広げたパリスの兄の王子ヘクトルとの戦いは『イリアス』の中でも名場面である。その後も戦いは延々と続いていたが、城外に置いていたギリシャが持ってきた木馬によって一気に流れが変わるのである。戦いをあきらめギリシャへと帰国していった大勢の兵士の内、一部の兵《つわもの》たちが木馬の中に潜んでおり、深夜になって出て来て城門をたたき壊した。ギリシャへと帰っていった筈の大勢の兵士も舞い戻り、ついに堅固なトロイア城が陥落するのであった。

古代都市イリアス、即ちトロイアは伝説上のものと近世の人々は長い間思っていた。ヒサルルクと呼ぶ丘の遺跡をシュリーマンが発掘するまで、19世紀のヨーロッパの人々の大半は実際にあった話だと思っていなかった。

それでもギリシャとトロイアの戦いが現実にあって、トロイアが落城してひょっとして宝物が残っているかもと、何人かの人は思った。宝くじを当てるような気持でこの界隈《かいわい》をうろして、その夢を現実にしようとしたが、徒労に終わっていた。

ここで登場するのが後世まで名を残すロマンの英雄シュリーマンである。

トロイアの遺跡

私たち一行はトロイアの丘の遺跡にやってきた。かつての城門前の広場にはここにも大きな木馬がこしらえてあった。ここは要塞に守られた、かつての王宮と神殿跡だけで、見渡す付近の平野では庶民たちが暮らしていた都市跡が土中に眠ったままである。アテネ神殿跡や音楽堂、議事堂らしきものの石組みの形が残っているにすぎない。大昔の激しい戦いがあったであろう現在の地は、芭蕉の句―夏草や兵《つはもの》どもが夢の跡―の名句が思い出されるのみである。『おくのほそ道』の義経主従全員が討ち死にした奥州や、中国の日露戦争の激戦地、二百三高地もしかりであった。

紀元前3000年頃から何回も造り直されてきた王宮跡だけに知識のある人には興味尽きないようであるが、一般観光客には「そんな話もあるんですね」の体である。一時間もあれば周囲全てを見学できる狭い遺跡である。

ユウちゃんが遠くに見える富士山型の山を指さしている。その山の頂きにアキレスの墓があり、今の世にも静かに眠っているようだ。私は小さい頃「アキレス腱《けん》」がこの英雄の名からきていることぐらいしか知識としてはなかった。この身体の箇所のみを神様が不死身にするのを忘れていた為、そこを射られてアキレスは遂に死んだと言われている。

(二) シュリーマン伝記物語

シュリーマンの歩み

ハインリッヒ・シュリーマン(1822~1890)の自叙伝『古代への情熱―シュリーマン自伝』(邦訳 新潮文庫)によると、ドイツの田舎の貧しい技師の7人の子の1人として生まれた。8歳の

シュリーマン

時、クリスマスプレゼントとして父親から贈られた本「子供のための世界史」によって彼の一生が決められた。その本には炎上するトロイアの挿絵《さしえ》が載っており、ホメロスの語る英雄たちの虜《とりこ》になってしまった。

幼年時代が過ぎ、彼はアムステルダムの商事会社で徒弟として働き、そこで6カ国の言葉を独学するのだった。語学の天才と言っても過言ではない。彼の才能を見込んだ社長はサンクト・ペテルブルクに社長代理として出張させた。若きシュリーマンの会社は藍《あい》の染料を生《なり》業《わい》としていたが、クリミア戦争という時代の波に乗り、ロシアへの武器販売で一財産を築いた。その後、彼は自分の会社を興しアメリカ南北戦争で武器販売をして巨万の富を築き上げるのだった。

そこで、１８５８年彼が36歳の時、商売をやめてトロイア発見の旅に出るのだった。しかし、その夢は10年間も実現せず会社も精算することにした。アテネに移住しギリシャ人の繊維商の娘と結婚し、二度目の妻とした。

ソフィア・シュリーマン
（トロイアの宝物を身に着けている）

トロイアの発掘

トロイアはシュリーマンのみならず、彼以前にもヨーロッパの人々によってあちこちで発掘をして探求されていた。大多数の人はプリアモスの町とチャナッカレ周辺で探していた。しかしイギリスのチャナッカレ領事はトロイアはヒサルルクの丘にあるという考えをもっていた。その話を聞いてシュリーマンはいろいろ調査をして確信し、ヒサルルクの丘を全部購入した。

シュリーマンは急いでオスマン政府のイスタンブールに出かけ、発掘許可を得て、1870年より数百人の作業員を集めて発掘を開始した。

シュリーマンの発掘の狙いは、この地にトロイアを見つけ遺跡として後の世に残すといった考古学者のような考えではなかった。彼にはプリアモスの宝物のみが狙いだった。従って後の考古学者たちは彼の発掘方法に批判的で一大考古学上の損失だと言っている。シュリーマンは9層にもなっている地層を、下から2層の火災がある層がトロイア戦争の遺跡と推測した。私は彼の第六感の鋭さに驚くばかりである。

ある日のこと銅製の奇妙な物が目に止まり、もしやと、ここでも第六感が働き心の中で小《こ》躍《おど》りして喜び、作業員に早々と昼の休憩を告げ、一人で掘り出しナイフでこじ開けた。それは長年夢にまでみた黄金の装身具等であった。シュリーマンは一瞬ボーッとなって天に昇るような喜びに満ちあふれていた。そして宝物を箱に入れ発掘隊の宿舎に隠してしまった。オスマン政府は、うわさを聞き調査に乗り出してきた。シュリーマンはチャナッカレ駐在のギリシャ領事の助けを得て、近くの湾に停泊していた船で持ち出すことに成功するのだった。

その後もヒサルルクの丘以外にも、かつてのトロイアの墓や遺跡を探求して数々の宝物を発見している。

ミケーネの発掘

トロイアの発掘に続いて1876年にはギリシャのミケーネの発掘にも成功して、世界の考古学界の人をはじめ多くの人々を驚かせた。

ミケーネについては古代の記録にいろいろと墓のあることは記されていたが、その正確な場所については一言もふれていない。考古学者は、それらの墓は獅子門より外の下町にあると推測していた。ここでもシュリーマンは第六感がはたらき獅子門の内側に

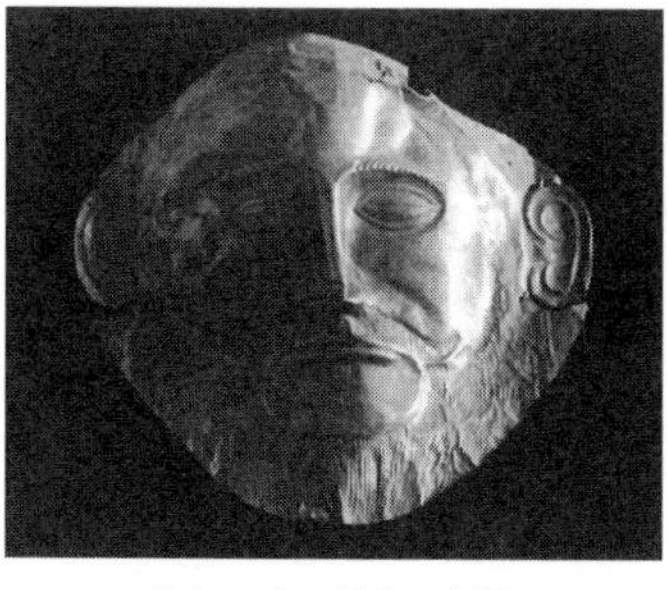

ミケーネ　黄金の仮面

ねらいをつけ成功している。

石板にかこまれた円形の墓域の5つの竪穴《たてあな》からおびただしい副葬品が出てきた。とくに王冠その他の純金製の装身具の豪華さは、トロイアの出土品をはるかにしのぎ、シュリーマン自身も驚き、自身の運の強さをつくづくと思うのだった。

珍しい6個の黄金の仮面の一つは判別できぬ程破損しており、一つは獅子の面であった。他の四つは明らかに王の肖像で、シュリーマンは鼻筋からみてギリシャ人だと確信するのだった。

総量10kgを越す黄金製品は「黄金に富むミケーネ」というホーマーの詩句が詩人の空想でないことを実証した。

シュリーマンは喜び勇んでギリシャ国王に電報を打った。そして次のような書簡を国王に送っている。

〝ギリシャ国王ゲオルギオス陛下《へいか》
非常な喜びをもって陛下にお知らせ申しあげます。……パウサニアースの伝える伝説にある高貴な墳墓を発見しました。……

私は墳墓の中に、純金の古代遺物から成る莫大《ばくだい》な財宝を見つけ出しました。これを納める博物館は世界でも最も驚嘆すべきものとなって、今後何世紀にもわたって全世界から多数の外国人をギリシャに呼び寄せることになりましょう。……

私はそれを心から喜びをもって、そっくりそのままギリシャにお贈りいたします。これらの財宝が莫大な国富の礎石《いしずえ》となりますよう。

1876年11月16日～28日

ミュケナイにて　ハインリヒ・シュリーマン〟

※……は文を省略している。

宝物の数奇な運命

1873年にトルコより持ち出された宝物は、オスマン帝国の法廷闘争が終わるまで一旦はアテネのシュリーマンの自宅に隠されていた。後に金庫に保管されイギリスに運ばれヴィクトリア・アルバート美術館に展示された。1981年にベルリンに運ばれ、第二次世界大戦まで工芸美術館で展示されていた。戦争中は動物園の倉庫に隠されていた。

1945年ソビエト赤軍がベルリンを占領した時、特別部隊の指揮官がこの宝物を発見し、特別列車でモスクワのプーキシン美術館に送りこまれた。

1995年まで世間にはトロイアの宝物がどこにあるか不明であった。プーキシン美術館が展示すると決定するや、所有権が誰にあるか大きな論争となった。

ソビエト連邦は戦争の賠償であると主張し、ドイツ連邦共和国はシュリーマンの遺言の中に宝物はドイツ国民に贈る、とあるので返却を主張した。

一方トルコ共和国もオスマン帝国の後継者である我が国のものだと主張し、ギリシャ共和国も祖先であるアカイヤ人がトロイ略奪の際に忘れた物で当然ギリシャに返されるべきと主張した。

このような各国の主張ではあるが、18世紀以降数々の貴重な遺産や宝物は、植民地や開発途上国から欧米諸国が自国に持ち帰り、今の世でも返却する気配は全くないのが現状である。尚、数々の考古学者が発掘した矢尻、骨製の網針※、土器、水晶のライオン杖頭、大甕《おおがめ》、ハドリアヌス帝像等はトルコのチャナッカレ博物館に展示されている。

私はガイドのユウちゃんより『トロイア―最新の研究成果』という日本語版の観光客用小冊子を購入して、長い間書棚に置いていた。今回トロイアの紀行を書くに当たり、再度読み直して「シュリーマンの生い立ち」や「トロイア宝物の運命」をこの本を参考にして私なりの文章で書き直している。『トロイア―最新の研究成果』の著者はアフメット・トスンで、日本語への翻訳は津本英利がしている。

私が思ったこと

一般の日本人にとってトロイアは、馴染《なじ》みの薄い観光地である。ヨーロッパの人々はある程度の知識があり、この地の観光は絶えないらしい。遺跡や宝物の数々より私はむしろシュリーマンの生き様に関心があり賞賛をおくりたい。特に少年少女の頃、「大人になったら何になるか」「何がしたいか」という夢を持つことが大事である。

シュリーマンは晩年、街中で行き倒れ病院に運びこまれ、帰らぬ人となった。この人がシユリーマンであると知ってみんなは驚いたというエピソードがある。

盲目の吟遊詩人、ホメロスの登場にしても、実際の戦争があった時代より4～500年ほ

負傷した友人を手当するアキレス

網針　網を作るのに使う針。あみすきばり。

ど後のことで、船の数は千艘《そう》を超え、軍勢は十万人と語り、かなり誇張しているに違いない。映画をご覧になった方も多いと思うが、映画では更に、ホメロスも驚くほど大きなスケールのスペクタル映画になっている。そして映画では神の気配はすっかり取り除かれている。尚、意外に知られていないが『イリアス』には有名な木馬は登場しない。しかし、トロイ戦争のハイライトはこの木馬であり、木馬をとると興味は半減してしまう。何しろ紀元前13世紀末という大昔の戦争であり、後の世の人々が面白く伝承していったに違いない。そして大半の人は負けたトロイ側の味方である。

因みに映画「トロイ」は、2004年頃わが国でも上映された。ワーナー・ブラザースによると70億円の大ヒット作だった、と報じられている。

ギリシャとトルコの仲の悪さは今の世にも続いている。第一次大戦後、ドイツ同盟国について敗れたトルコは、その直後ギリシャ軍に攻められ危うく難をのがれている。最

映画「トロイ」

近でも海底油田の開発をめぐって政府間の交流はストップしていた。令和2年（2020）10月30日にエーゲ海で起きたマグニチュード7・0の地震で両国は協力するということで再び交流をはじめ出した。いやいや、これからも色々とあるだろう。

（三）トルコ一周の旅

イスタンブールよりトロイ、エフェソスと古代の石の遺跡を見学した。トロイアは「トロイア物語」として前述し、エフェソスは既に『石語り人語り』（2018年発行）に掲載しているので今回はカットする。

トロイ、エフェソスに次いでパムッカレ、コンヤを観た。そしてコンヤからカッパドキアへと向かう道中で隊商宿と洞窟住居に立ち寄った。カッパドキアのあと、さらに首都アンカラへ。そこから寝台列車にて再びイスタンブールにとトルコを一周した。長いようで短い、楽しい7日間の旅であった。

トルコは遠い国であるが、意外に身近な国でもある。ヨーグルトはトルコ語が語源だし、チューリップもトルコのターバンが語源でこの国の国花になっている。チューリップと言えばオランダと思われるが、16世紀にトルコよりオランダに輸出したのがはじまりだ。イスタンブールを境にして西はヨーロッパ、東はアジアと言われ、東西文明の十字路と呼ばれている。

言葉は違うが文法が近く、中央アジアから西に移動したのがトルコ、東に移動していったのが日本、このことでも親近感がもてる。

トルコは日本の2倍という大地で、北は黒海、西はエーゲ海、南は地中海に接し、歴史の表舞台に幾度も登場する。

パムッカレの観光

パムッカレとは、トルコ語で「綿の城」の意味。有名な石灰棚の温泉が広がる。その景観はなんとも不思議で魅惑的で、日本では見られない美しさである。

カルシウムと二酸化炭素を含んだ温泉が地表より崖下《がけした》に流れていく時、真白な石灰質が石灰棚となって奇観をつくっているのだという。ここで私は足湯を楽しんだ。

石灰棚をのぞむ丘の上にはローマ時代の遺跡ヒエラポリスがあり見学をした。ヒエラポリスとは「神聖な都市」という意味。

宿泊先の「サーマルコロッセア」という規模の大きな温泉ホテルで夕食のバイキングをすませ、旅のつかれを温泉につかりとった。

コンヤの観光

バスの車窓より移りゆく風景を見ているのはいつどこでも楽しい。今の季節、4月の半ばはサクランボが採れるチェリーの畑に白い花が咲きほこっていた。

私たちは11世紀から13世紀にかけて首都が置かれていたコンヤにやってきた。

コンヤはかつてのモンゴル帝国の侵略都市で、政治、文化、芸術の中心として飛躍的な発展を遂げた。中でも旋舞教団「メブラーナ教」の神秘的な雰囲気は観光客の目を楽しませてくれる。メブラーナ教はイスラム神秘主義教団で、

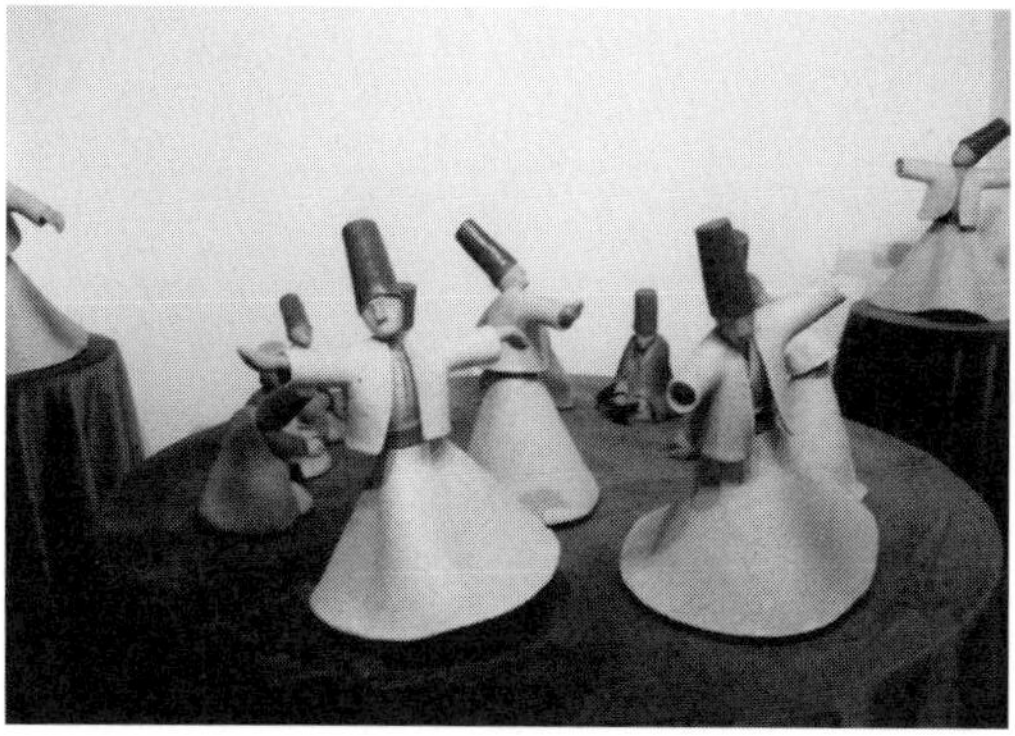

踊る宗教の人形

踊る宗教として多くの信者を集めていた。円筒型の帽子にスカートといういでたちで、信者たちいっせいに一心不乱に踊る姿は幻想的でさえある。ぐるぐる旋回しながら踊ることによって神と一体化されるという、一風変わった修行方法でも知られている。

1925年に宗教活動は停止されたが、観光行事としては今の世にも公開されている。

隊商宿と洞窟住居

旅は6日目をむかえている。バスは東西の人や物が行き交ったシルクロードを走り奇岩の景勝地カッパドキアへと向かっている。途中隊商宿（キャラバンサライ）を見学した。隊商宿は石門だけが立派で内は貧弱な建物だった。

昼食は洞窟住居でとった。ここの主人はガイド・ユウちゃんの友達だそうで、一行は温かいもてなしをうけた。主人は羊飼いをしているという。

「何頭ぐらい飼っていますか」の私の問に「700頭ぐらいです」と答えていた。もちろん通

隊商宿の石門

訳はユウちゃん。私のトルコ語はメルハバー（こんにちは）、スー（水）、チャイ（紅茶）、ビラ（ビール。銘柄のエフェスといってもよい）、ケバブ（焼肉。たいていは串刺し）、このくらいは覚えた。ツアー仲間がミネラルウォーターといって店で水を買うと炭酸ガス入りだった。

カッパドキア

カッパドキアとは都市の名ではなく、ペルシャ語のカトゥパトゥキャ（美しい馬の地）に由来する古代の地方名で、前4世紀から後1世紀にかけて存在したトルコの中部地方アナトリア高原の王国の呼称である。

私たちはカッパドキアに到着した。ここの高原は標高1000mを超え、無数の奇岩がオブジェ（前衛美術的な作品）のように並んでいる。その形はキノコ、ラクダ、アシカの群れ、トンガリ帽子、妖精の煙突等で迷宮の世界に入り込んだような錯覚に陥っ

キノコの奇岩

ラクダの奇岩

てしまう。

ここ、カッパドキアの地層は、数千年前に繰り返して起きた火山の噴火により、火山灰と溶岩が積み重なって出来たといわれている。やがて雨や湧水、川の流れで、少しずつ気が遠くなるような歳月を経て地層を侵食していった。軟らかい凝固岩の層は削られ、固い溶岩層は侵食が遅く残されていった。

カッパドキアの歴史

この地には紀元前8千年頃には既に人間が定住していたらしい。紀元前15～12世紀には古代ヒッタイト王国の中心地として栄えていた。

紀元4世紀前後からビザンチン帝国の下でキリスト教徒がこの地に住み始めた。やがて9世紀にはイスラム勢力が強まり、その脅威から逃れるための洞窟を造り、その中には住居や教会もつくっていった。教会の内や天井には美しい素朴なフレスコ画（西洋の壁画の技法）が残されている。

万が一、ムスリム（イスラム教徒）が大挙して襲って来た時には、洞窟の入口を大きな石で蓋《ふた》をする仕掛けも造っている。

地下都市カイマルク

私たち一行は地下8階にも及ぶイスラム侵入で圧迫されたキリシタンのカイマルクにやってきた。ここは蟻《あり》の巣という表現がピッタリで路地を下りると通路が張り巡らされている。この洞窟の発祥や歴史は謎につつまれているようだ。

内部の通気孔は各階に通じており、礼拝堂、学校の教室、寝室、厨房《ちゅうぼう》、食料庫、そして井戸もある。これらを見ると大規模な共同生活が営まれていたことが容易に窺《うかが》える。尚、地下8階もあるらしいが見学は5階までとなっていた。

ウフララ渓谷の観光

本日午前中は自由行動である。希望者のみ四、五人がユウちゃんに案内され、トルコ版グランドキャニオン、ウフララ渓谷にやってきた。旅も長くなると、体調を悪くする人もあるので、オプションが結構多い。私の小遣いの大半はオプション参加に使っている。因みにこのオプション代金は8千円である。私の体調はすこぶるよい。その秘訣は一休納豆にある。納豆といっても黒くて酸っぱい味の納豆である。京都の大徳寺や一休寺で僧たちが今日《こんにち》でもつくっている保存食だ。大徳寺の前にあるお店より旅行前にいつも取り寄せ持参している。私の場合は慣れない食物で胃腸の調子を悪くし、下痢から疲れが出てくるので、この食物を薬のようにして重宝している。

ウフララ渓谷はポプラと柳が美しく、川の水量はかなりあった。高さ75m、長さ12㎞の絶壁に囲まれた大渓谷である。市場周辺の入口から谷間に降りて行くと、地元の人々に人気のピクニックコースがある。岩場あり、草原あり、キリスト教徒の岩の教会あり、と変化に富んでいた。

ギョレメの谷

午後よりホテル残留組と合流してギョレメの谷を見学した。カッパドキアの中心となるギョレメ・エリアの住人はキリスト教徒だった。ギョレメとは、「見てはならないもの」という意味らしいが、何かしら暗示的である。

7世紀後半になると、イスラム侵攻によるキリスト教徒迫害や偶像破壊から逃れてきた人たちによって、この地にはキリスト教徒が急増していった。教会も蛇の教会、リンゴの教会、暗闇の教会などそれぞれの洞窟をイメージした名がつけられている。これらは11世紀に建てられ保存状態はよく、内部の装飾は見事で、特色のある壁画にキリストの一生などが描かれていた。これらは野外博物館として公開されている。当時は教会や修道院の数は３６０ほどもあり、カッパドキアはキリスト教徒の一大シェルターと化していた。

　高い岸壁の山には所々、四角い窓のような物が見えている。これはハトの巣の出入口だという。巣に溜まった糞《ふん》を肥料にするらしい。なかなかの人間の知恵である。

ギョレメの谷

首都アンカラ

　首都アンカラは高層ビルが立ち並び、街は木々の緑に彩られた近代的な都市である。車、人が多く建築ラッシュが続いていた。スラム街をマンションに建て直して一室を無償にて供与するのだと、ガイドが話していた。１９３２年、トルコ共和国初代大統領ムスタファ・ケマル・パジャによって首都になって以来、政治の中心を担う近代都市として飛躍的な発展を遂げた。

第一次世界大戦のあと、ギリシャの侵入が始まった。トルコ国民党のケマル・パジャは国民軍を指揮してギリシャを破った。彼は国民の民主近代化の声を受けてスルタン制を廃止し、ここにオスマン・トルコの時代は終止符をうった。後に彼は議会から「アタチュルク」（トルコの父）の称号を贈られ、トルコはヨーロッパ式の近代化を目ざし、独自の道を歩むこととなった。

彼は今、アタチュルク廟《びょう》で静かに眠っている。廟内では衛兵の交代式が行われていた。

トルコを大体、一周して明朝再びイスタンブールへと戻る日程になっている。アンカラ22時30分発の寝台特急に乗り込んだ。一等寝台で一人参加者は一人でコンパートメントが利用でき、朝までぐっすり寝ることができた。

イスタンブール

イスタンブールはさまざまな文化が織りなし、エキゾチックな素晴らしい街である。私はこれまであちこちの国に旅をしたが、この街はわがお気に入りの世界の街ベストテンに入れている。因みにお気に入りベストテンは、ソウル、大連、香港、クチン（マレーシアボルネオ島）、メルボルン、ローマ、パリ、ロンドン、カイロ、そしてこのイスタンブールだ。

ここイスタンブールの西、ヨーロッパとは鉄路で結ばれており、東はアジアで、東西文明の十字路と呼ばれている。かつてはパリ発のオリエント急行の終着駅で、アガサ・クリスティはここの老舗《しにせ》ホテルに宿をとり「オリエント急行殺人事件」を執筆している。この旅行好きのミステリーの女王もイスタンブールの街がお気に入りのようであったと推察する。

幾多の歴史の変遷を経て、この首都の名称もビザンチオン、コンスタンティノープル、イスタンブールと改称されてきた。トルコの首都は現在では中央より少し西のアンカラになっている。

イスタンブールの見学

イスタンブールの歴史地区はブルーモスクやアヤ・ソフィア大聖堂、トプカプ宮殿の三大建造物以外にも見るべきところは多い。二、三日かけないと丁寧に見て回れない程である。

スレイマニエ・モスクは、オスマン帝国の最盛期のモスクで、赤茶色の美しい大理石の石柱は珍しく一見の価値がある。この石柱は２５００年も前の物で他国から移設されたものらしい。水道橋や城壁はオスマン帝国中最盛期のものである。イスタンブールは水質が悪く、歴代の王は水の確保に精力をそそぎ、水の貯水池、水道橋等に遺跡を残している。

その他歴代オスマンのスルタン親族の墓廟や地下宮殿、博物館や美術館と見学する所は枚挙にいとまが無いほどだ。そしてアジア側にもガラタの塔をはじめ見学するところはたくさんある。

ブルーモスクとアヤ・ソフィア大聖堂

ブルーモスクは通称で正式にはスルタンアフメット・ジャーミーという。スルタン・アフメット1世の命により1609年に着工、1616年に完成。外観はミナレットに囲まれ壮麗で、内部もブルーを主体としたイズニック・タイルで見飽きることのない美しさである。私は天井の方ばかり眺めていて首が痛くなってしまった。

アヤ・ソフィア大聖堂はビザンチン建築の最高傑作と評価され、イスタンブールの激動の歴史を見守ってきた。ギリシャ正教の総本山として人々の厚い信仰を集めながらも、数度の大地震や8~9世紀に起こったムスリムによる聖画破壊運動、そして1204年には第4次十字軍による略奪などに見舞われた。1453年オスマン・トルコによりこの街が征服されると、大聖堂はモスクに改められた。その後、歴代のスルタンたちによって改修が行われ、ミナレットなどが加えられモスクとしての体裁を整えていった。しかし壁の聖画であるモザイクがやフレスコ画は漆喰《しっくい》で覆われてしまった。現代ではこの聖堂は博物館になっている。内部は美しいタイルで飾られて、多くの窓から光が射し込み幻想的な空間を演出している。尚、壁画はアメリカ調査団によって発見され元通りになっている。

最近になってトルコ大統領が、この博物館をモスクにしたいと言い出し、物議をかもし出している。

トプカプ宮殿

この宮殿は1172年にオスマン帝国のメフメット2世によって造営が始まり、息子の時代になって完成した。創建時の宮殿として「謁見《えっけん》の間」が残っている。この部屋に当初は週に4日、スルタンと高官、将軍などが集まっていた、と言われている。

トプカプ宮殿

トプカプ宮殿は金角湾、ボスポラス海峡を眼前に、マルマラ海をも一望できる小高い丘に建てられている。外壁は全長5㎞、約70万㎡という広大な敷地である。宮殿の内にはハレム（女性の園）があり、この女性たちを守る宦官《かんがん》の部屋やスルタンの私室や宝物館等があり、建物と建物の間には第4庭園までも造られている。宦官は皆エジプト人たちだったという。

中でも私の目を釘付けにしたのは、お金には換算できないような宝物の数々であった。世界有数の大きさと言われる「スプーン屋のダイヤモンド」は86カラットの大きなダイヤ49個で取り囲み、ティアドロップ型に仕上げている。このダイヤモンドには数々の伝説がある。漁師がダイヤの原石をひろい、3本の金のスプーンと交換したため、この名がついている。その他、数々の宝物を眺め、うっとりしている時、かつて日本で催された「トルコの至宝展」で展示してあった「トプカプの短剣」に再見した。短剣の柄に大きな3個のエメラルドがはめ込まれ、柄頭には仕込み時計、鞘には大小のダイヤとエナメル七宝の細密画で飾られている。

私はオスマン・トルコの王・スルタンの居城の内部や宝物の数々を見て興奮さめやらず、外の空気を吸うため、一人で海の景色を眺めて楽しんだ。海峡を行き来する船やアジア側の景色に時間のたつのを忘れ、うっとりとして見ていた。気がつくと集合時間を少し過ぎていた。

留守番の弘ちゃんへ

その後元気で羽を伸ばしていることと思います。7日間の旅を終えて今空港で絵葉書を買って便りを書いています。トルコの土産にガラスの「魔よけ」を忘れずに買いました。トルコ石の店に立ち寄ったのですが、エンゲージリングにトルコ石を既に持っているので買いませんでした。インドでは二人とも下痢気味で苦い経験をしたので、「一休納豆」を毎日食べているので快調です。こんな長い旅ができるのは、京都の垣内さんが「奥さんの理解があるからだ」と言っていましたが、つくづくそう思います。

旅は半分終わりました。明日からエジプトの旅です。ピラミッドと港街アレキサンドリアが楽しみです。では又。

安いお土産について

高価な絨毯《じゅうたん》やお手頃な価格のハンティング帽や革ジャンパー等は買わず、私の小遣いはツアーのオプションに使っていた。安いお土産の数々の中で私が買った物にガラスの「トルコの魔よけ」がある。イスラム教の前の多神教の時代、人の恨みやねたみを、この魔よけが身代わりになって避けてくれると伝承されている。トルコの人々は家の玄関口とか自動車、自転車にぶらさげ、ガラスがこわれると感謝する。お土産に買ってきた品が、今でも亡き妻の部屋に飾りとしてぶら下がっている。

トルコの魔よけ

Ⅵ

臼杵《うすき》の石窟《せっくつ》

（一）石窟を訪ねて

日本は木の文化の国と言われ、塔などの建造物から仏像、仁王像等の素晴らしい物は総て木製である。石像、石仏、石塔などの文化財は朝鮮半島や中国に比べて数少ない。それでも道端のお地蔵さんや道祖神、そして磨崖仏等は全国あちこちに優れた作品を見ることができる。

普通、石仏と呼ばれるものには二種類あって、一つは岩と孤立している物で単独石仏とか個体石仏と呼ばれている。もう一つは天然の岩壁を利用して岩肌に彫り刻んだ物で磨崖仏と呼ばれている。磨崖仏にも線刻、厚肉彫、丸彫等がある。

これら石像、石造遺跡、石仏の宝庫は奈良、大和路にあり、次いで豊後《ぶんご》の国東《くにさき》半島、大野川流域、臼杵《うすき》等である。尚、石の都と呼ばれる飛鳥（明日香）の石造物については『石を訪ねて三千里』にすでに書きとめてきた。

石窟に関して、仏教や仏教美術史や考古学者のような専門的な知識は私になく、深くほりさげて書くことができない。そこでツアーを通じての目線で楽しく遊んで見学したことを思い出しながら綴《つづ》っていきたい。

臼杵の石仏

大分県の国宝臼杵石仏を見学したのは、私がまだ現役の平成５年（１９９３）頃で、かれこれ30年近い歳月が過ぎ去っている。その頃は未だ国宝に指定されず、特別史跡・重要文化財であった。ゴールデン・ウィークに今は亡き妻を誘うと、喜んでついてきて二人旅となった。神戸よりフェリーで大分港に着き、国東半島の宇佐神宮、富貴寺、熊野磨崖仏、両子寺《ふたごじ》等は、「くにさき史跡めぐり」と銘うった観光バスを利用した。その他の観光地、阿蘇、竹田、臼杵、別府は電車やバスを利用して回遊した。

日豊線臼杵駅から約６kmの地で、バスで20分ほどかかり深田の里についた。ひろびろとした盆地で阿蘇溶結凝灰岩の軟らかい岩壁には60余体の石仏が鎮座している。

話は明治43年頃に遡《さかのぼ》る。京都帝大の教授小川琢治《たくじ》氏（湯川秀樹の父）が中国の磨崖仏を視察され、帰国後大学の講義で、「日本では絶対に拝むことはできない」と話されたことがあった。聴講していた中に臼杵出身の学生がいて、臼杵にも似たような石仏の里があるのにと思ったという。このことが、間もなく地質学者の小川博士の耳に入ったが、先生はまだ半信半疑でカメラをこの学生に手渡され、夏休みの帰省時に深田石仏を撮ってきてくれるように依頼されるのだった。

そこで写真を見てたいそう驚かれた博士は、実物を見るために早速臼杵に足を運ばれた。大正2年のことだった。当時は昼なお暗く、立ち入る人も少なくとても全容を見られる状態ではなかった。しかし、たまたま散髪屋をいとなみながら石仏周辺のお守りをしていた宇佐美辰治氏に鳥居附近で出会い、案内を頼まれるのだった。家にカマ、オノを取りに帰り、山中の道なき道を木や枝を切り離しながら小川博士を案内したといわれている。

「すばらしい、すばらしい」と何度も言われ博士は感動されるのであった。

翌年も博士は二度来られ、県・市を通じて本格的な調査研究をされて、やがて学界にも報告された。これを契機に臼杵石仏は脚光を浴びることになった。

私は今、石仏観光センターに立ち寄っている。ガイドなしなので、何か参考になる本をとさがしていたら、当時ご健在の宇佐美昇氏（大正9年・1920年生れ）にお会いした。そして小冊子『石仏は何を語るか』の写真集をすすめられた。定価が本に書いていないので、いくらで買ったかメモもなくわからない。宇佐美昇氏とは小川博士を最初に案内された前述の宇佐美辰治氏の子息で昭和18（1943）年以降臼杵石仏管理運営委員長をされ、この石仏観光センターの社長をされていた。先程の臼杵石仏が脚光を浴びるまでの経緯もこの小冊子にくわしく書いてある。彼はその道の著名人が次々と来て案内されるので、耳学問でいつのまにか臼杵を語る第一人者になられていた。

ここで、この石仏の見学に入る前に「真名《まな》野《の》長者伝説」を語っておきたい。臼杵石仏の由来については、「満月寺《まんがつじ》縁起」「豊後風土記」「長者伝記」「石仏は何を語るか」などがある。

小冊子「石仏は何を語るか」

（二）真名野《まなの》長者伝説

今は昔、百済《くだら》から日本に黄金鉱石を求めて渡来した人がいた。日本のあちこちで探していたが、それらしき物をこの地で見つけ臼杵の地に住みついていた。この渡来人の両親と死別した幼名・唐字《とうじ》は炭焼又五郎という人に養われ、日本名を古五郎《こごろう》と改め、深田の里で炭焼きを営《いとな》んでいた。

その頃の話である。大和に久我大臣というえらい人がいて、娘の玉津姫は評判の美人だった。ところが、どうしたことか体じゅうに黒い痣《あざ》ができ姫は嘆き悲しんだ。三輪明神に毎日、祈願していたが、満願の二十一日目のことだった。にわか雨で拝殿で休憩していたところ、急に眠気《ねむけ》をもよおしそのまま、ごろ寝してしまった。夢枕に三輪明神が現れた。

「汝の夫となるべき者は豊後国の三重郷に住む炭焼古五郎という若者なり、夫婦になると幸せ間違いなし」

姫は早速その旨を父母に伝え、身支度を整え九州へと旅立つのであった。途中、お供を連れていたが災難にあい一人旅となった。包ヶ浦※附近に着いたが、どちらに行っていいものかと思案していると、再び三輪明神が立ち現れ、先導されて、やっと古五郎にめぐり会うことができた。

古五郎はぼろぼろの着物を着て、髪はバサバサ、顔も手足も垢《あか》まみれだった。これが、神のお告げの自分の夫かと思うと情けなかったが、古五郎と一緒に住むことになった。

古五郎は「私一人で食べるのがやっとこさで、あんたはんを養うことはできましぇん」と断るのだが、姫はあきらめず、その心配はいりませんと言って食料を買ってきてほしいと、黄金の路銀※を古五郎に渡した。買物の道中、池にオシドリが泳いでおり、石を投げて捕えようとしたが適当な石が見つからず、思わず黄金の銭を投げてしまった。オシドリが捕れずとぼとぼと家に帰ると、姫は悲しんで古五郎に言った。

「あれはお金というもので、あれさえあれば何でも物と交換できる大切なものなのに……」

古五郎は笑いながら言った。

「あんたな、あんなもんが宝かい。そんならワシの炭焼小屋のあたりにざーね（たくさん）

包ヶ浦　現在の臼杵市深田石仏の入り口にある鳥居附近。浜の砂により鳥居は半分ほど埋まっている。

路銀　旅に支出する金銭。

転《ころ》がっていて、へのつっぱりにもならん」

　不審に思った姫は炭焼小屋あたりに案内されると、なるほど黄金に間違いなかった。けれど、それはかけらで五、六個しか転がっていなかった。姫は大事そうにして、その黄金を家に持ち帰るのだった。

　光っている単なる石のかけらと思っていた古五郎は、宝と知って明くる日より他にもあるに違いないと、あちこち目配《めくば》りをしてさがしていた。

　ある日のこと、山の奥深く炭焼きの木を切りに行っていた時のことだった。土の表面が何かしら明るく、不審に思った古五郎はクワを取りに帰り、その辺りを深く掘っていた。もう古五郎は胸ワクワクで神仏に祈りながら掘りすすめた。予感通り、それは鉱脈の表面であった。その時の喜びは気も狂わんばかりであった。

　早速、親方の又五郎に報告し、明くる日より作業員を雇い黄金鉱石を次々と掘り出していった。そして天然の耐火煉瓦《れんが》を利用して窯《かま》を造り、鉱石を溶解し、朝鮮、中国にまで送り出し、一躍、億万長者になった。

　――今も深田に、その窯の跡が残っている――

姫は毎日のように住まいの近くにある井戸の水で顔を洗っていると、少しずつ痣《あざ》は消えていくのだった。

――この井戸は「化粧の井戸」として今の世にも保存されている――

夫婦は仲睦まじく、やがて女の子が誕生、般若《はんにゃ》姫と名付けて育てるうちに、姫は母に似て美しい少女となり、その噂《うわさ》は遠く都まで聞こえるほどだった。

都で、この噂を聞いた欽明天皇の第四皇子である橘豊日《たちばなのとよひ》は般若姫に近づきたいと願い、はるばる九州にやって来て宇佐八幡に願をかけ、自分の身分を預けた。そうして、名を山路とかえ、古五郎宅に庭掃除、草刈りの下男として住み込んだ。

そのうちに、般若姫は正体不明の熱病にかかり生死の境をさ迷い、明日の命もわからぬ状態であった。古五郎夫婦が帝釈天※に祈願すると「宇佐八幡に流鏑馬※を奉納すれば治る」というお告げがあった。

当時、流鏑馬は公卿※の風習で、九州は広し、これが出来る者をさがすことが困難であった。

帝釈天（たいしゃくてん） 梵天（ぼんてん）ともいわれ、仏法守護の主神とされる。
流鏑馬（やぶさめ） 騎射の一方式。馬に乗って走りながら、かぶら矢で的を射る。
公卿（くぎょう） 公（こう・大臣）と卿（けい・大中納言・参議・三位以上）の称。公家（くげ）ともいう。

そこで古五郎夫婦は次のような立て札をあちこちに置いた。

「流鏑馬を宇佐神宮に奉納してくれる者がいれば、望みのものは全て与える」

この呼びかけに、山路は喜び勇んで名乗り出た。

「もし、うまく的を射当てた時は、ぜひ姫を妻として頂きたい」

身支度をした皇子は見事な手綱《たづな》さばきで的を射当て、古五郎夫婦に自分の身分を明かしたうえで結婚を申し出た。

その後、般若姫の容態は日毎に快方に向かっていった。しばらくして都で天皇の崩御《ほうぎょ》があり、皇子は帰京することとなった。

その時、姫はすでに身ごもっていた。

皇子は次のように言って都へと帰っていった。

「もし迎えに来る日までに、女の子が生まれたら古五郎のあとを継がせよ。もし男の子だったら共に都に連れて上がれ」

般若姫はやがて無事女の子を出産する。この子は玉世絵姫《たまよえひめ》と名付け、のちに伊利大臣の三男にあたる鎌勝《かねまさ》を養子に迎えることになった。鎌勝は草刈左衛門尉氏次と名乗り、二代目古五郎となる。以後古五郎は七十八代まで続いたと言われている。

一方、橘豊日皇子と別れた般若姫は都の皇子を慕って臼杵の港から都へ向けて船出したが、周防沖合い、大畠の瀬戸で大渦潮に巻かれ、船もろともに沈んでしまった。

この悲報が深田の里に届いた。古五郎夫婦の嘆きはいかばかりであったろう。この事故があってから、夫婦の体は日に日に衰《おとろ》えていった。

黄金の取引で深田の里に来ていた中国の商人が、古五郎夫婦に深く同情して故郷の天台山※に夫婦の救済を黄金三万両を奉納し祈った。天台山の貫主※は古五郎夫婦の嘆きを沈め、命を長らえさせるため高僧蓮城《れんじょう》法師を深田へと派遣するのだった。

長い船旅を終えて深田に着いた蓮城法師は、旅の疲れもなんのその、古五郎夫婦にすぐ会いお釈迦様の祇園精舎での話をされた。話を聞いた古五郎夫妻は仏教に深い信仰を寄せ、この深田に祇園精舎のような仏教聖地を有り金全てを使ってでも造りたいと願った。

この大志を聞いた蓮城法師は、その志を実現すべく、早速中国から建築僧を呼び寄せ、まずは五院六坊を建立した。これらを総称して紫雲山満月寺《まんがつじ》と呼んだ。

天台山　中国浙江省東部の天台県の北方2㎞にある霊山。天台山の仏教寺院の一つ、国清寺はわが国の最澄、円珍、栄西らが訪れている。

貫主（かんじゅ）　天台宗の最高の僧職。

更に、古五郎夫妻は後の世まで永遠に残せる仏を残したいと願った。それには磨崖仏以外にないので、蓮城法師は中国から彫刻僧を呼び寄せ、百余体の磨崖仏を刻ませたと言われている。

——今も深田に長者夫妻と蓮城法師の石像がある——

復興された満月寺と仁王像

（三）柳田國男「炭焼小五郎が事」

「炭焼小五郎が事」は『海南小記』の中で、「与那国の女たち」や「南の島の清水」などの項と並んで、伝説や盆踊り歌などから考察をすすめている。

民俗学者の柳田は「長者伝説」に深い関心を持ち、北は津軽の岩木山の麓《ふもと》から、南は大隅半島から宮古島まで類話をとめている。

ただ私が書いている「真名野長者伝説」は地元の豊後地方に言い伝えられているもので、柳田が書いている小文とはかなりの違いがある。地元だけに伝説の内容も美文化しており、時代も大和朝廷時代にさかのぼり内容も少しずつ格式あるものにして言い伝えられていったと私は考える。

柳田は各地の民話や盆踊り歌など総合的な見地からいろいろと思考を重ねている。大きな違いとして、古五郎を小五郎にしているのはいいとしても、古五郎の押しかけ女房の姫は醜女《ぶおんな》だったとある。私はこのことに関しては、姫が漆《うるし》にかぶれるか、何か食物のぐあいでアレルギー反応をおこしていたと思っている。この姫の黒ずんだ顔を見た貴人の誰かが醜女だといったにちがいない。今の世ではよい治療法があるが、当時でも自然治癒《ちゆ》力で徐々になおっていったと思われる、いわゆる日にち薬なのだ。姫はもともと美人で古五郎に逢った時も治《なお》りかけていたにちがいない。

そして炭焼きの職業はタタラ製鉄の流れを汲み、賤《いや》しいというよりむしろ貴いものであると述べている。いずれにせよ七十八代の長きに亘り連綿として炭焼きの事業が深田の里で続けられてきたのである。

ここで柳田が調査した盆踊り歌を紹介しておこう。

筑紫豊後は臼杵の城下
藁《わら》で髪ゆた炭焼小ごろ

をしは舞ひ立つ小判は沈む

※をしは仲睦まじい夫婦のたとえとされる「オシドリ」のことである。ひら仮名ができた当初は敬う言葉以外はをではじまっていた。

あんな小石が宝になれば
わしが炭焼く谷々に
およそ小笊《ざる》で山ほど御座る

タタラの作業の折に歌っているものがあちこちにあり、出雲の大原郡にもあると、次の歌を紹介している。

ヤーむらげ様がナー、よければナー
炭焼さまもよけれ
イヤコノ世なるでナ
その金が金性がよいわ

※ムラゲは熔炉のことであるらしい。

柳田國男は、炭焼古五郎（小五郎）の話は北は青森、南は宮古島まで分布しているとのべた。鍛冶屋や鋳物師など金属に従事する者たちによってこの話は全国に運ばれていったとも述べている。

（四）磨崖仏の見学

城下町臼杵の郊外に臼杵川が流れ、そのほとりの山肌に磨崖仏が彫られている。ホキ第1群（堂ケ迫《どうがさこ》）、ホキ第2群、山王山、古園《ふるぞの》の4群に分かれ、60体余りの石仏が鎮座している。尚ホキとは「がけ」という意味の地名である。かなり傷《いた》みは酷《ひど》くわずかに形を残している物もあり、全盛時は100体近くの石仏があったといわれている。

個々の石仏については、多くの写真集や書物に詳細が紹介されているので、ここでは30年近く経っても私の印象に残っている2体の仏のみを紹介しておきたい。

ホキ石仏群の中では阿弥陀三尊像が素晴らしく、ほとんど丸彫りに近く、力強く量感あふれた姿である。中尊が阿弥陀如来、右に観世音菩薩、左に勢至菩薩、そしてその左

阿弥陀三尊像

に二体ほど石仏の形跡を残している。

如来とは真実の世界から生まれてきた覚者を意味する「真如来生《しんにょらいしょう》」を略して名づけられている。「仏」ともいわれ、像容の特徴は、納衣をまとうだけで装身具はつけていない。菩薩とは「菩提薩埵《ぼだいさった》」の略で、如来に次ぐ地位にあり、既に如来の資格をもっているが、あまねく現世の衆生《しゅじょう》を救うため菩薩の地位に留《とど》まっている。一般的には装身具をつけている。

石仏は中尊が釈迦如来、右に薬師如来、左に阿弥陀如来が鎮座し、三体とも顔は丸く額《ひたい》はせまく首は短い。釈迦如来像は童顔相で純真な顔立ちがよく表現されて人間味のあふれた仏像である。

観光センター長の故宇佐美氏が昭和29年の春、故安井曾太郎画伯を案内された時、画伯はこの石仏が大層気にいり、小雨降る中をスケッチされ、宇佐美氏は傘をさしかけてあげていたらしい。

日吉神社の参道の横をのぼると石仏群中心《センター》とよばれる十三仏の古園磨崖仏がある。この石仏たちの中心本尊は大日《だいにち》如来である。大日如来は宇宙を神格化した仏で、密教の根本教主である。他の如来と異なり、宝冠等を身につけた菩薩形に造られている。そして手は印《いん》を結んでいる。毘盧遮那仏《びるしゃなぶつ》ともいわれ、奈良の大仏さまと同じ仏である。

この大日如来像は高さが3m以上もあったが、今は首が落下して下部に安置されていた。最近の写真を見ると復元されて元の位置に戻されている。この尊顔は気品の高い表情で彩色が施されている。月形の長い眉《まゆ》、ややつり上がった切れ長の伏し目、引きしまった口もと、豊かな両頬《ほほ》には神秘的な雰囲気が漂っている。私は30年近くの月日が流れ去っているのに先程見てきたような強い印象が残っている。

臼杵石仏の中の逸品中の逸品、というより日本一の折り紙つきの仏顔である。

大日如来

満月寺《まんがつじ》にやってきた。何と阿吽《あうん》の仁王像は半分以上、土に埋もれているではないか。昔の参道は、本堂の礎石から判断して2m近くも埋もれているという。この辺の地形の変化は、昔は浜辺近くだったが、臼杵川の再々の氾濫《はんらん》によって変化が激しくなっていったようだ。この仁王像の位置は昔のままで満月寺の本堂の中門に当たるらしい。何と仁王像の表情が豊かであることか。これまた傑作《けっさく》である。素晴らしい木像の仁王さんは多く見てきたが、下から眺めるので、もう一つ顔の表情がわからなかった。これは不幸中の幸いと言うべきか、近づいて顔が見られるのだ。年代も相当古いと想像され、この表情はいつまで見ていても見飽《あ》きしない。資料によると麻疹《はしか》流行の時、仁王さんにお参りにくる人は跡を絶たなかったとある。

現在の満月寺本堂は昭和25年にこじんまりと復興されている。かつての紫雲山満月寺は5院の寺と6坊があり、無数の小さなお堂があったという。

満月寺は大友宗麟《そうりん》の時代（永禄5年）に焼かれ、その後復興できず、小さな御堂だけがあったようだ。大友宗麟は当初仏教に帰依していたが、やがてキリスト教の信者になりキリシタン大名として名を馳《は》せていた。この地の寺を次々と焼いてしまうという惨事をおこしている。

阿吽《あうん》形の仁王像

満月寺の横の高台に祠があり、この祠の中に丸彫の単独石像が三体ある。この三体が伝説上の主人公である長者夫妻と蓮城法師である。顔や体は傷みが酷く、年代はかなり古いと推定される。この祠の三体は伝説を裏付けて今日まで語り継がれているので、貴重な存在である。

（五）臼杵石窟の謎は解けたのか

深田の土地は古くは真名原《まなのはら》と呼ばれていたので、人々はいつの頃からか、この地の伝説を「真名野長者伝説」と呼ぶようになった。臼杵石仏群が何故造られたかの話は、遠い昔より語り継がれて今日に至っている。中々よくできた伝説なので私は力を入れて書いてきたが、一見、史実を反映しているように思えるものの、学者たちは賛同していない。

仏像の様式などから学者たちは、臼杵の石窟が造られたのは平安後期から鎌倉時代と推定している。一方伝説は大和朝廷時代を背景にして成り立っており、数百年のずれが生じている。

果たしてこの臼杵に金鉱脈があり、製錬していたかもしれないは、謎の一つである。臼杵石窟はいつの時代に誰の発案で造られたのだろうか。謎を秘めたまま今日に至っている。私は「火のない所に煙は立たぬ」の諺《ことわざ》通り、この地方に伝わる伝説から推測したい。

臼杵石窟の規模からみて、スポンサーは誰であったかの謎である。石仏と伝説の時代にずれ・があるといわれているが、私は七十八代まで続いた古五郎の先祖たちを第一に考えたい。

次に考えられるのは、炭焼古五郎の父が百済国から黄金をさがして日本に来ていたという所から、臼杵石仏は全盛期の百済との関係も考えの一つに入れておきたいと思う。百済は高句麗、新羅と並んで強国であった時代もある。日本と友好関係があったことだし金鉱脈を見つけ、この地に仏教聖地を造ろうとしたのかもしれない。悲しいことに古の百済王国は焼きつくされ、そんな資料は出てこないのは確かである。又、満月寺も焼かれて何一つこの謎を解く資料がない。

もう一つ考えられるのは天台山の流れである。天台山は上海の少し東の海岸に位置している。船による渡航は充分に考えられる。中国の四大聖地は五台山、普陀《ふだ》山、九華山、峨眉《がび》山であるが、天台山が日本の地に聖地を造ろうとしたことも考えの一つに入れておきたい。

謎めいた事を最後に一つ。臼杵の石窟があのカンボジアのアンコール・ワットのように長い間眠りについていたことである。アンコール・ワットやアンコール・トムは戦争や宗教問題もあったことだし納得できるが、仏教国日本に於いて長い間放置されていたのは私には理解しがたい。これも推定だが、臼杵の城主はキリシタン大名で、その影響がこの城下町には多分にあったのだろう。

磨崖仏は誰が、何のために、いつ造立したのか、伝説としては筋道が立っていても、史実を反映していないので、考古学者たちはテーマとして謎を追い続けてきた。調査研究は前述の京都大地質学者の小川琢治理学博士に始まり、京都大、九州大、地元の別府大学の考古学者により大正、昭和、平成、と80年以上も続けられてきた。

一方では修理工事、保全工事も文化庁美術工芸課や美術院国宝修理所等により進められていたが西暦2000年を待たずして一応完了している。

真名野長者伝説を主に考察したのでは夢物語になってしまう。そこで考古学者たちの知恵を借りて少し正当なところを追ってみたい。

石仏は各時代の様式を彫りこんでいるので、その時代の様式が色濃く反映しているといわれている。たぶん複数のその時代の人たちによって造立したのであろう。誰が造ったかは、四、五人の学者たちの考察に耳を傾けてみよう。参考図書一覧『臼杵石仏　よみがえった磨崖仏』

①深田の地にあった満月寺《まんがつじ》の関わりが大いにあったと観るのは妥当なところである。しかし寺は焼失したため古文書等は一切見つからず、謎を深めた要因になっている。満月寺は天台宗であったので密教の守り本尊である大日如来像のある古園磨崖仏の造作はこの寺の関

与が濃厚である。

満月寺は大友一族によって建立され、その子孫大友宗麟は九州で島津氏と並ぶ勢力を持った時代もあったが、やがて島津氏に滅ぼされている。大友宗麟は仏教徒からキリシタン大名となり、あげくのはて満月寺を焼き払っている。

②明治以前のわが国は神仏混合であり有力な神社の末寺が磨崖仏の造営に関わっているとする考察である。

熊野権現※は全国に勢力を持ち数々の磨崖仏を各所に単体ではあるが造っている。

一方地元の宇佐八幡の末寺が関わったことも充分考えられる。

③豊後に大きな勢力をもって荘園を支配していた豪族の豊後大神氏一族が、この磨崖仏を建造し奉納したことも考えられる。

その他にもいろいろと推察されることは多々あると思われる。残念ながらこれだ！と思われる決定打がないのが実情である。私は石窟の造営は敦煌《とんこう》の莫高窟《ばっこうくつ》のように各時代によって

権現（ごんげん）　日本の神の称号の一つ。
仏や菩薩が衆生を救うため、仮（=権）に日本に神として現れたのだという思想に基づく。

いろいろな実力者が岩肌に彫り込み奉納していったと考えたい。そう言った意味で①②③も〝当たらずとも遠からず〟で的を射ていると思う。

何はともあれ、一ヶ月に亘り臼杵石仏を調べて、ここに脱稿することとなった。当初は原稿用紙4~5枚程度と思っていたが、その4~5倍にもなった。

建屋等が新装なった国宝臼杵磨崖仏を再度見るため深田の里を訪ね、大日如来の尊顔にお目にかかったり仁王の顔を見たりして臼杵の里を心ゆくまで歩きたいと願っている。

最後に私の願望として、インドに端を発した石窟のある仏の道がシルクロードを反対方向に東に向け、中国、朝鮮半島を経由してわが国にも入ってきたのは注目に値する。私は規模は中国に比べて小さくてもその意義を大いに顕彰《けんしょう》して、ユネスコ文化遺産に登録してほしいと声を大にして、この稿を終わりたい。

古園石仏群

Ⅶ　中国の石窟

中国の石窟は数え切れない程たくさんある。中でも大規模な石窟は敦煌《とんこう》の莫高窟《ばっこうくつ》、大同の雲崗《うんこう》石窟、洛陽の龍門石窟であり、これらを称して三大石窟と呼んでいる。

雲崗石窟と龍門石窟は北魏《ほくぎ》王朝の5世紀頃に彫られた雄大な石窟群。

雲崗石窟群を代表するのが第20窟の大仏で、ふっくらとした四角い顔にルリ瓦の目玉がはめ込まれ、生き生きとした表情も見せている。アルカイックスマイル(古風な微笑)をうかべており、法隆寺の夢殿厨子《ずし》秘仏・救世観音にもこの流れがあると美術史家はいっている。

一方、龍門石窟群を代表するのは奉先寺正壁の盧遮那仏《るしゃなぶつ》である。唐代の仏教芸術の最高峰といわれ、

龍門石窟　毘盧遮那仏

雲崗石窟の大仏

豊満秀麗で智と慈しみに満ちている。

井上靖は『西域詩篇』の中で「交脚弥勒《こうきゃくみろく》」と題して次のように詠んでいる。

〝北魏という北方からやって来た民族の正体はよく判っていない。四世紀に国を樹《た》てて、大同に都し、あの大きな雲崗《うんこう》石窟をほっている。百年にして洛陽に遷都し、ここでは龍門石窟を営み、そして六世紀頃消えている。本当に消えて跡形ないのだ。そうした北魏の形見を一つ選ぶとなると、それはおしゃれな交脚の弥勒さまということになる。脚を十字に交叉《こうさ》した殆ど信じられぬような近代的な姿態は、ふしぎに雷鳴、碧落《へきらく》、隕石《いんせき》、そんな天体に関するものを連想させる。星座にでも坐っているお姿かもしれぬ。当然なことながら、この弥勒さまはその民族と運命を共にし、星の如く飛んで、散乱し、また消えている。消えるほかなかったのだ。だから日本にも伝わって来ていない。〟

尚、敦煌の石窟内にある仏や人物像は全て塑像《そぞう》であるが、大同や洛陽の石窟のものは全て石仏や磨崖仏である。

三大石窟以外にも河北省南部に北響堂山《きたきょうどうさん》石窟があり、四川省には大足《だいそく》石窟がありいずれも世界遺産に登録されている。北響堂山石窟にはすばらしい石仏が多くあったが、残念なことに文化大革命の時、仏の顔等が破壊されてしまった。トルファンにはベゼクリク千仏洞があるが、イスラム教が浸透するとともにその多くが破壊され、それを免れたものも、清代末にここを訪れた外国人探検隊によって剥《は》ぎ取られてしまい、現在ではほんの一部分が残っているに過ぎない。

世界最大級の磨崖仏は四川省にある。楽山《らくざん》大仏は岷江《みんこう》を望む岩壁に彫られており、高さ71m、肩幅28m、頭部の高さ14m、頭部の直径10mという巨大な仏像だ。大仏建立は氾濫《はんらん》を繰り返す岷江の治水を願って、唐の玄宗皇帝の時に造られ始め完成したのは90年の後であった。私たちは全体の像を見るため船に乗って眺めた。赤土系のもろい岩肌に刻まれており、定期的に補修作業がされているらしい。峨眉山《がびさん》と合わせて世界遺産に登録されている。

これらの石窟は有名で、私は幸いにも別々の各ツアーを通して見学することができた。私は行けなかったが、天水の麦積山《ばくせきざん》石窟、蘭州の炳霊寺《へいれいじ》石窟、庫車《クチャ》のキジル千仏洞も有名である。

最近では大学等で研究対象となっている石窟を中心とした石窟美術の魅力に迫るツアーもいろいろと企画されている。例えば「黄土高原石窟めぐりの旅7日間」のようなツアーがあり、石窟に精通した者がガイドとして同行することになっている。

早く旅に出たいと、うずうずしておられる方は多いことと思う。私は高齢になりパスポートの期限も切れてしまった。早くコロナ禍が治まり安心して皆さんが世界各国に飛び立てる日が来るのを切望してやまない。

雲崗第20窟 大仏

（一）シルクロードの旅

今、私はシルクロード（絲綢之路《しちゅうのみち》）の要諦の地、敦煌《とんこう》（トンファン）にきている。漢代には沙州《さしゅう》と呼ばれ、武威《ぶい》（ウーウェイ）、張掖《ちょうえき》（チャンイェー）、酒泉《しゅせん》（ジュウチュエン）とともに西域《さいいき》における軍事上の要《かなめ》であり、東西貿易の拠点ともなって、繁栄をきわめた。

敦煌の「敦」は大きなという意味、「煌」は盛んの意味で、つまり「盛大に繁栄する街」という意。この大きく盛んなオアシスの街・敦煌はかつてはシルクロードの拠点であり、一方、仏の道でもあった。

古くから玉石は人々に重用され、西域南道の敦煌＝ホータン間は別名「玉石の道」とも呼ばれた。

シルクロードは東へ、東へと絹を運び、仏の道はインドの北西にあるアフガニスタン中部の都市・バーミヤーンを経て、タクラマカン沙漠の西域南道や天山山脈の天山南路（西域北道）や天山北路を経て敦煌へとつながった。バーミヤーンには多数の石窟寺院があり、中でも高さ55ｍと38ｍの二つの大石仏は、２００1年にムスリム（イスラム教徒）により破壊された。それでも周辺の景観と遺跡群は世界遺産になっている。

古来日本人の多くは、この地、敦煌に憧《あこが》れ長い道程《みちのり》を経て辿《たど》りついた。この点今の世は交通の便が発達し、一日かければ充分行ける観光地になった。おかげで私も長い間シルクロードに憧れ、ぜひ一度は行ってみたいとその日がくるのを待ちかねていた。

１９９９年6月の株主総会の日をもって長年つとめた会社をやめることになった。待望の株式上場も果たしていたし、優秀な後輩も大勢育ってきていた。何も思い残すことはない。明日から自由の身だ。これでお預けさまだったシルクロードにもやっと行けると一瞬思った。といってもかれこれ20数年前のことである。まさに光陰矢の如しである。しかし20数年といっても仏たちの世界では瞬《まばた》きする間よりも、うーんと短い一瞬なのだ。

頃はよし１９９９年10月、関空10時発のフライト便で上海空港に着き、上海からはオアシスの都市ウルムチの空港に夜到着した。ウルムチは敦煌よりはるか西にあり、ここから東に向かって観光をしていく行程であった。勿論今は亡き連れ合いも嬉々《きき》として同行してきた。早速翌日はウルムチの市内観光、そして天山北路を貸切バスにて車窓より雪をかぶった天山山脈を眺めながらトルファンに到着。三日目は終日トルファンの観光、そしてその日の夕刻プロペラのチャーター機にて敦煌に到着した。もう、ここまでで、二人はすっかりシルクロードの旅を満喫して酔いしれていた。敦煌では、古代シルクロードの軍事通商の重要関門で赤褐色の烽火台《ほうかだい》跡が残る陽関《ようかん》の見学や、西域攻防の最前線玉門関《ぎょくもんかん》を見る。そして一日かけて莫高窟を見学、夕方涼しくなってからは鳴沙山《めいさざん》にラクダに乗って行き、月牙泉《げつかせん》の観光をしたり、沙漠のソリ滑りにも童心にかえり楽しんだ。

旅のスケジュールを追えば、その後は敦煌より空路にて黄河とシルクロードが交わる甘粛《かんしゅく》省の省都・蘭州《らんしゅう》（ランジョウ）へ。蘭州を見学後、又々空路にて北京に着いた。そして北京市内は故宮等を見学して関空へと帰国する旅程だった。

大満足の旅だったが、強《し》いて言えばあと二ヶ所西域南道のホータン（和田）と天山南路のクチャ（庫車）にも行きたかったが、交通の便が悪く致し方ないことだった。

※口絵参照　鳴沙山

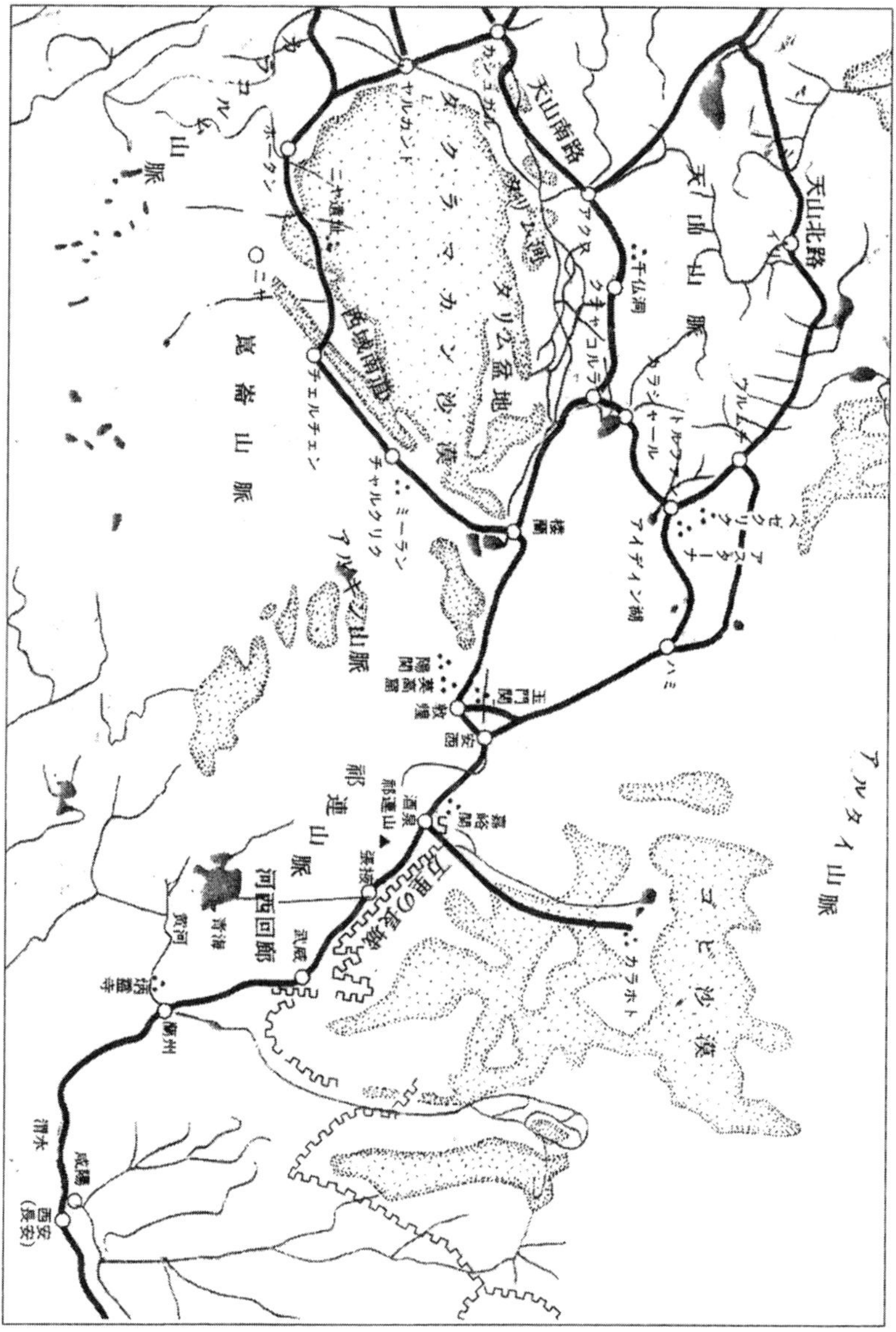

天山北路
天山南路
天山山脈
タクラマカン沙漠
タリム盆地
西域南道
崑崙山脈
アルキン山脈
祁連山脈
河西回廊
万里の長城
ゴビ沙漠
アルタイ山脈
カラコルム山脈
カシュガル
ヤルカンド
ホータン
ニヤ
チェルチェン
チャルクリク
ミーラン
楼蘭
アクス
クチャ
千仏洞
カラシャール
トルファン
ウルムチ
ベゼクリク
アスターナ
アイディン湖
ハミ
玉門関
陽関
莫高窟
敦煌
安西
嘉峪関
酒泉
祁連山
張掖
武威
カラホト
青海
黄河
炳霊寺
蘭州
渭水
咸陽
西安
(長安)

シルクロード略図

（二）莫高窟《ばっこうくつ》の見学

莫高窟とは「沙漠の高い所にある石窟」という意味である。私は旅立つ前に尊敬する碩学《せきがく》両名、井上靖と司馬遼太郎共著の『西域をゆく』の文春文庫に目を通していた。参考図書一覧

それによる両氏の対談の一部である。「莫高窟とは妙な名で高から莫《ざ》れとは何のことかわからない」の司馬の問に、井上靖はこう答えている。

「莫はもとは沙漠の漠であったのが、いつの間にかサンズイがとれてしまった。唐時代の記録では敦煌県漠高郡となっているそうです」

それに対して司馬は

「なるほど水の臭いがしなくなったのでしょうね」（笑）

私は莫高窟の見学や書物を読み進んでいった。その昔この莫高窟には大勢の僧侶が修行をし生活しており、生活に欠かせない水は前を流れている川に頼っていたらしい。やがて僧侶はいなくなり、川の湿気が莫高窟の色彩豊かな塑像《そぞう》や壁画に悪影響があるとのことで川をな

くしている。司馬遼太郎のこの受け答えが的を射ているので感心した。

先程私は塑像と書いたが、塑像とは粘土や石膏《せっこう》細工の像のことで石仏ではない。又壁画も漆喰《しっくい》で壁を塗りかため、その上に絵を描いている。この岩肌はやわらかく石窟を掘るのはやさしいが、石仏、磨崖仏を彫ることは出来ない。石窟寺院と言えば石灰岩や砂岩の断崖を切り開いて造営した彫刻が主であるが、敦煌のある甘粛省《かんしゅくしょう》や新疆《しんきょう》地区では、多くの岩山が砂と砂利の混じった砂礫岩《されきがん》と呼ばれる岩質のため、石像を彫刻することに適していない。

私たち一行は2班に分かれ莫高窟の入り口にやってきた。ポプラが強い陽光と風の中に踊り、涼しげだった。

莫高窟は千仏洞とも呼ばれ鳴沙山の麓、東壁に2㎞にわたり穿《うが》たれた石窟寺院である。4世紀なかば僧楽僔《らくそん》が、夕日を浴びて輝く千仏の威厳《いげん》を夢想の中で感じ石窟を築き、修行したのがはじまりとされている。その後、元の時代にいたる迄の約1000年間、石窟は彫り続けられ、約1000の石窟があったとされるが、現在は492の石窟が保存されている。4世紀の北朝期に開削され、5世紀前半の北涼から北魏、西魏、北周、そして隋代にかけて造営が盛んになった。隋朝は国家あげて仏教を崇拝していたので、大小16万余体もの仏像を造った。莫高窟の造営千年間に残された492窟のうち、実に5分の1以上が隋の時代である。

そして唐の時代は美術史上の最盛をきわめ、宋、元の時代まで造営され続けてきた。

午前中に5窟、昼食をとりに街まで帰り午後も5窟ぐらいで全体の2％を垣間《かいま》見る程度であった。午後、別の班の方が二人、私たちの班に入れてほしいと入ってこられ、同道した。話を聞いてみると日本語がチンプンカンプンで話の内容がさっぱりわからないとのことだった。ガイドのレベルと言えば、こちらの班も大日如来が印相《いんそう》を結んでいるのは何故かとツアー客の一人が質問していたが、よくわかりませんと言っていた。「ガイドをするのならそのくらいのことはよく勉強しておけよ！」とハッパをかけられていた。

参考までに印相のことにふれておきたい。印相は印とも呼んでおり、仏像は特定の位置に両手を置いてその指を曲げたり組み合わせたりしているか、薬師如来のように薬壺を持っている姿が一般的である。諸仏は仏陀の前で誓《ちか》った役割を手で示している。

仏教発祥の地インドの舞踊では、両手や指の動きで世の中のすべてを表せるというので、仏も手でその心を示したものである、と言われている。

大日如来は智拳印《ちけんいん》といって拳《こぶし》を上下に重ねている。釈迦如来は施無畏《せむい》・与願印《よがんいん》といって手を開き上と下に向けて印を結んでいる。

テレビのラグビー中継で、本年（令和3年）引退をした五郎丸選手がゴールに向かってキックをする時、印を結んでいて皆の注目をあびた。ゴールに入ってくれと願《がん》をかけていたのだ。

窟内は暗く懐中電灯の明かりが頼りで、カメラは厳禁であった。例えカメラＯＫでも写真はうまく撮れないだろう。プロの撮った写真でもはっきり写っていない物もある。かなりの年月が経っているものは、傷《いた》みが激しく何となくわかる程度である。要は石窟の見学は事前によく調べた人のみに理解ができるが、ぶっつけ本番はただ見てきただけの印象になってしまう。この旅を企画されていた近畿日本ツーリストもこの辺の事情を察知していて、事前に『シルクロードの本』一冊１９８０円をサービスとして付け、読んでおいて下さいとのことだった。参考図書一覧　よく調査研究されていた方が「何窟と何窟も見せてほしい」と言われていた。ツアーに組み込まれていないものは料金も高く、事前に許可された窟以外は駄目と言われ、あきらめていた。

それでは数ヶ所のみ私の印象に残った窟の紹介をしておこう。莫高窟の仏像や天女をはじめとする壁画等については、多くの参考図書や写真集が出版されているので、そちらを参照して頂ければ幸いである。

①第96窟の大仏

莫高窟では単独では最大の建物で、朱色が映える9層からなる莫高窟のシンボル的楼閣。内部には高さ34・5m幅12・5mの塑像で北大仏と呼ばれる弥勒菩薩《みろくぼさつ》が鎮座している。30窟にも北大仏に次いで大きい同じような菩薩があり南大仏と呼ばれ、大変柔和《にゅうわ》な表情をしている。

この像は唐代にもともとの山を削り泥をかぶせて彩色したもので、唐代の原像の面目を残している。下から眺め上からも尊顔を眺められるように通路は二段階になっていた。

②第45窟の七尊像

本尊の釈迦如来を中心として二菩薩・二天王・二羅漢《らかん》の七尊像が鎮座している。1辺が4mと小さい石窟であるが唐代を代表するものだ。釈迦如来は盛唐時代の典型である、肉づきがよく整った風貌《ふうぼう》をもっている。両菩薩は「窟中の白眉《はくび》」といわれている艶《あで》姿が魅力的である。

釈迦の弟子である、北側の迦葉《かよう》僧像は難行苦行の徳があるといわれ修行の厳しさや精神性の高さがある。南側の阿難《あなん》像は多聞第一といわれた阿難の、温厚で聡明な青年の気高い精神性を表現しており高い芸術性を示していると言われている。

※口絵参照

阿難（アーナンダ）さんの人柄

釈迦の弟子は大勢いるが、その中で一番心が優しかったのは阿難であると言われている。釈迦に大層気に入られ付き人として、いつもお側《そば》に仕えていた。一生を旅の空で釈迦と一緒に暮らし、衣が擦《す》り切れれば繕《つくろ》い、病気になれば看病し、布教活動を支え続けていた。

他の修行僧は次々に悟りを開いていったが、阿難は修行が出来ず、釈迦が沙羅双樹《さらそうじゅ》の根元で亡くなられた時も凡人のままだった。そんな理由で周りの視線は冷たく、つらい想いをしていたが、釈迦が亡くなった後ひたすら修行に励み悟りを開いて、皆から尊敬されたと言われている。阿難の仏教界における大きな功績は女性の出家者・尼さんを認めたことである。阿難は釈迦に何回となく意見をして認められたという話が残っている。釈迦の母は産後すぐ亡くなられ、その妹で王妃になったマハーパジャーパティーに大切に育てられた。晩年養母が出家したいと願うと釈迦は了解しなかった。その時阿難が意見をしたのである。「釈迦に説法」という言葉があるが、釈迦に説法をした唯一の僧がこの阿難である。

③275窟　交脚弥勒菩薩《こうきゃくみろくぼさつ》

莫高窟に現存する初期の頃の窟。奥壁の前に３ｍを超える塑像の交脚弥勒菩薩が、両側に獅子を置き足を×字状に組んで鎮座している。私は交脚した菩薩を初めて見た。この菩薩は表情などにインドの影響が残っているといわれている。簡素な造りのなかにゆったりした表情、透き通った衣裳が印象として残っている。　※口絵参照

日本の弥勒像は中宮寺や広隆寺の半跏思惟像《はんかしいぞう》が有名である。交脚しているお姿は中国までに見られるが、わが国や朝鮮半島には存在していない。日本人には珍しい交脚弥勒菩薩である。

因みに弥勒菩薩とは未来仏といわれ、釈迦入滅後の56億7千万年後にこの世に現れるという。腹前の法界定印上に宝塔を持つ像容が一般的である。地蔵菩薩は弥勒菩薩が現れるまで衆生を教化、済度《さいど》する菩薩である。済度とは仏が人間の悩み・迷いを解決してやることである。尚、布袋《ほてい》は弥勒菩薩の化身とされている。

④第16・17窟　晩唐の大型石窟と蔵経洞

第16窟は河西の都僧統（洪辯《こうべん》）がつくった大型の石窟である。窟の頂上には団龍が描かれ、周壁には千仏などがある。中央には清代に修復された9体の塑像がある。

この第16窟の北側の奥に甬道《ようどう》※が設けられており、第17窟がある。都僧統（洪辯）の死後、遺骨を供養するために造営された御影堂で、1900年の6月に道士の王円籙《おうえんろく》によって膨大な敦煌文書が発見された蔵経洞である。この都僧統の塑像はおよそ等身大で微かに口許に微笑を漂わせている。唐代のリアリズムの有終の美を飾るにふさわしいと言われている。

11世紀に西夏《せいか》の侵攻をうけた際には、この堂は封印され、数万点にも及ぶ古写本、古文書、絵画、教典などがここに眠っていたのである。これをテーマに井上靖は不朽の名作『敦煌』をこの世に残すことになった。

当時の西方の五涼地方には回鶻《ウイグル》、吐蕃《とばん》、西夏等の五つの国が群雄割拠していた。やがて西

甬道（ようどう）　俑道の意味と考えられる。甬は日本の各種辞典になく、莫高窟の莫にサンズイがとれてしまったように、ニンベンがとれて甬になったと推定する。中国の古い時代では木製または土製や塑像の人形で死者と共に埋葬する風習があった。俑道とはそれらの人形が並んでいる小道をさしていると私は考えた。

夏だけが強大になっていったが、中国の宋に対しては服従の態度を見せていた。西夏は6世紀から14世紀にかけて、中国北辺境に活躍をつづけたチベット系の民族でタングート族と呼ばれている。初代の族弟が夏国王に封じられ、その孫が西夏と称する国をつくった。やがてウイグルを破って強国となり、吐蕃と交戦を続けていた。そして、とうとう李元昊《りげんこう》の時代になって敦煌を攻め落とした。やがて西夏は蒙古の興隆にあって宋の滅亡（1279年）に50年も先立ち、1227年鉄木真《テムジン》（成吉思汗《ジンギスカン》）によって亡ぼされるのである。

蔵経洞を発見し、古文献を管理していた
往時の王円籙
写真（財）東洋文庫

（三）井上靖の『敦煌』

井上靖は経典が密蔵されていたことをテーマにロマンとスペクタルに満ちた西域文学の代表作『敦煌』を昭和34（１９５９）年に刊行。初版本は箱入りで講談社より出版され、毎日芸術大賞を受賞している。昭和35年には第14刷を発行、次いで当用漢字を用い徳間書店よりも出版している。昭和40年には新潮社より文庫本で発売。先日私が購入した新潮社版（令和二年分）は100刷というからロングロング・ベストセラーである。新潮社版は手頃な価格で当用漢字を用い、本文にはルビが打ってあり、語句の注解もあり、文芸評論家・河上徹太郎の解説もついている。外国でも翻訳され、中国や韓国をはじめヨーロッパ圏でも英語、ドイツ語、フランス語などで出版された。

私が井上靖に感心するのはこの小説の舞台になっている河西回廊に一歩も足を踏み入れられない時に、これだけの作品を書いていることだ。あとがきの数行を見れば京大人文科学研究所の藤枝晃氏にいろいろお世話になったと書いておられるが、それはそれとして、４～５

年もかけ調査され、よくぞここまで調べ上げて作品にされたと感服するばかりである。日中合作の「大映」映画の大作「敦煌」にもなり、その後井上靖は中国より何回となく招聘《しょうへい》されて、シルクロードを訪ねている。

井上靖が敦煌に初めて足を踏み入れ莫高窟を訪ねたのが昭和53年（１９６８）の5月、そして翌年の10月に再び敦煌を訪ね、河西回廊を３日間ドライブして歴史都市を訪ねている。

その旅から帰って大勢の人から「実際の小説の書かれている舞台に立って訂正しなければならない点はなかったか」の問に、「小説の書かれている都市とか、集落に関する限り、残念ながら訂正の必要はなかった」と述べている。私はこの残念ながらに興味を引かれる。思えば小説の書き出しの都・開封をはじめ、河西回廊の古き都は沙の中に埋まっており、往時のままで姿を今の世に残しているのは霊地・莫高窟のみである。

そして井上靖はこんなことを述べている。作品というものは、それを書いた作者にとっては子供のようなものである。幸運な子供もあれば不運な子供もある。その点小説「敦煌」はたいへん幸運な作品であった。※この項、徳間書店版『敦煌』のあとがき参照

敦煌物語

北宋の時代、進士（科挙）の最終面接試験で宋の都・開封《かいほう》にいた主人公・趙行徳《ちょうぎょうとく》が面接の待ち時間に居眠りをして失敗し、失望感のあまり街中をさまようところから始まる。人垣の中に一人の全裸の西夏国の女がおり、悪党の親方がこの女の肉の切り売りを呼びかけていた。不貞を働いた女として、ウイグルの悪党より売りに出され、女はそれを承知していた。誰も買わないとみた親方はその女の手の指を二本切り落とした。女が悲鳴をあげたところで趙行徳は強烈な西夏魂をもったこの女をまるごと買い取る。命びろいした女は一枚の西夏文字の書かれた布切れをお礼にと差し出すのだった。その布切れには、漢字を真似て創作された西夏文字が書かれており、西夏国の入国許可書であった。行徳は西夏文字を学びたいと西域へと旅立つ決心をするのであった。

こんなパンチ力ある書き出しで物語は始まっていく。一度読まれた方は再読を、初めての方はぜひ一読をおすすめしたい。DVDで映画をみるのもよいと思う。私が敦煌を訪れた時、映画撮影村のセットが垣間《かいま》見えていた。

後世に莫高窟から発見された敦煌文献の由来をテーマとして井上靖は熱筆をふるっている。西夏との戦いによって敦煌が滅ぶ時に洞窟に隠されていた古文物が、20世紀になって初めて陽の日を見たという史実をもとに描く壮大な歴史ロマンで、読む人の心をとらえてやまない。

私は初版の講談社、次いで徳間書店版、そしてこの『石たちの棲む風景』を書くにあたり新潮社の文庫本を購入して再々度読んでみた。そして親しい読書好きの友人達に、以前一度読まれた方も初めての方も一度読んでみたらと話しておいた。

映画「敦煌」を見たくＤＶＤのレンタル屋に足を運んだ。古い映画なので置いていないとのことで中古品を購入した。出演している俳優の若かりし頃の姿が懐かしい。見たい方は誰でも貸してあげようと思っている。

（四）シルクロードの冒険者たち

1、張騫《ちょうけん》（?〜前114年）

明確な形で記録に残る人に張騫がいる。前漢時代の西域開拓の先駆者である。漢の武帝は匈奴《きょうど》の捕虜《ほりょ》から、甘粛《かんしゅく》地方の月氏《げっし》も匈奴を恨んでいるとの情報を得て、月氏との共同戦線を探るべく使者を出すことにした。匈奴とは前4世紀末から蒙古に現れ、以後5世紀の間北アジアに活躍した遊牧騎馬民族である。

張騫はそれに応募して百余人の従者を率《ひき》いて甘粛地方に出発した。紀元前2世紀のことである。ところが、匈奴の捕虜となり10余年間もかの地で暮らした。そして13年ぶりに武帝に会い見聞してきたことを報告することとなった。これによって武帝は西域への進出を強化していくこととなった。彼には「大旅行者」の称号が与えられた。いろいろな報告は司馬遷の『史記』に収録されている。

2、ヘディン（1865〜1952年）

スウェーデンの地理学者で中央アジア探検家。第一次、第二次の探検ではパミール高原、タクラマカン沙漠、チベット高原、青海などを調査、楼蘭をはじめ多くの都市遺跡を発見して、西域考古学の端緒を開いた。この探検にはドイツの大手航空会社「ルフトハンザ」の後援があった。

また中華民国とスウェーデン、デンマーク、ドイツから成る西北科学調査団を組織して、内モンゴルから天山に至る内陸アジアの地理、歴史、生物、風俗などを網羅的に調査し、ロ

『さまよえる湖』の文庫本より

クム・ダリヤ河畔のバリマンと著者（右）

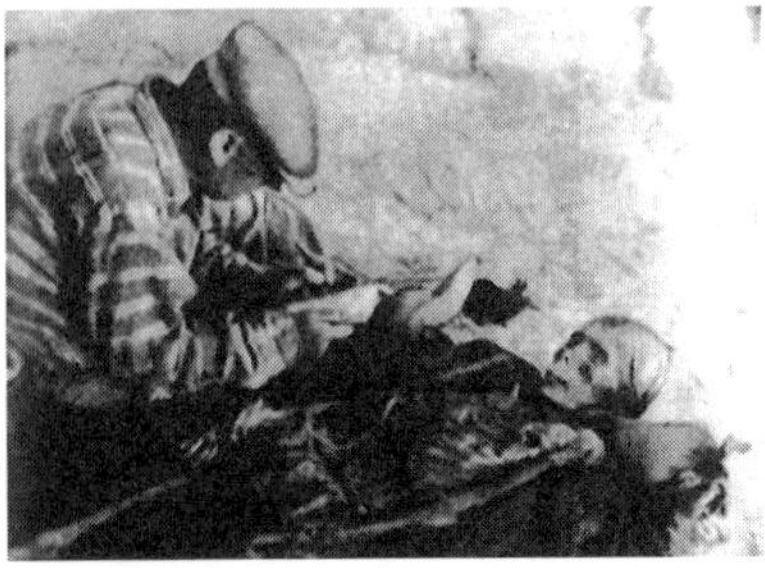

個別墳墓Bの中年婦人のミイラと著者

風にえぐられたヤルダンの谷間を行く隊の駱駝（1990年）

ブノール湖の周期移動もこのとき確認された。

ヘディンは文才に恵まれ、その旅行記もまた大人気を博した。『さまよえる湖』は世界的に有名で日本でも出版され、帯には次のように書かれている。

〝古来、その位置が謎につつまれた幻の湖ロブ・ノール。中央アジアの奥深くひそむこの太湖は、実は砂漠の中を渡り鳥のように1600年周期で南北に移動・交替する湖なのである。

『さまよえる湖』(上)(下)岩波文庫

『さまよえる湖』を読み終えて

ヘディンはスリルに満ちた数々の冒険をくり返し、中央アジアに広がる美しい自然や遺跡等を巧みな文章で綴っている。眼の前に広がる驚くような自然、古都桜蘭《ろうらん》の遺蹟、神秘的な王女のミイラ。数々のロマンにみちた光景をつぎつぎと生き生き描き出している。

一方ヘディンは絵も上手で、鉛筆でスケッチして後にペン画に仕上げた。他に探検隊員の撮った写真もヘディンに提供されて、この書に掲載され眼でも楽しめる名著になっている。

その後西からも東からも、いろいろな人がこの西域を探検している。

敦煌の莫高窟、蔵経洞の古文書、古絵画の資料入手に関しては以下の３名が記録に残っている。

３、オーレル・スタイン

１８６１年ハンガリーで生まれる。ドイツ、オーストリア、イギリスの大学で学び、１９０４年にイギリスに帰化した探検家、考古学者。中央アジアの探検は第１次、２次、３次と続き、第３次のとき敦煌を訪れている。

ちょうどその頃トルコの商人から、莫高窟のある窟から大量の古文書が見つかったと聞き、蔵経洞の管理者王円籙《おうえんろく》という道士に会い古文書、古絵画29箱を買い入れイギリスに持ち帰った。

それらは現在大英博物館にて公開されている。日本でも、かつて東京・世田谷美術館、大阪国際美術館、山口県立美術館等で「芸術と人間」展が開かれ、「西域スタイン・コレクション」も展示された。

※口絵参照　敦煌将来の仏画

4、ポール・ペリオ

1878年生まれのフランス人で東洋学者。中央アジア探検隊を率いて各地の遺跡を調査し古文書、古写本、絵画など多数を発見。敦煌に着いたペリオは、スタイン同様、王円籙と交渉し、古文書が読めるため580点もの古文書を買い取り持ち帰った。ペリオはその後「敦煌千仏洞」を始め多くの論文、著作を発表した。

王円籙は教養がなく、何故こんなに高価に買い取ってくれるのか不思議に思いつつ、それでも尚、政府の調査のためある程度は残していたが、やがてそれは北京に持ち帰られている。敦煌博物館でも経典の写本等一部が展示されている。

5、大谷探検隊

大谷探検隊は西本願寺の法王大谷光瑞《こうずい》が主宰した私的な中央アジア探検隊。3回に渡ってホータン、クチャ、敦煌などを調査した。第3次探検隊の吉川小一郎が例によって王円籙にアプローチした。古文書は前年に現・北京図書館に運びこまれていたので「何もない」と答えた。それでも玉石混交の中から質の高いものを選び、500点余りの敦煌文書を手に入れた。その多くは現在、龍谷大学ミュージアムに収蔵されており、時々展示されている。

（五）ツアーの思い出

ここでツアー旅行の思い出を少し話しておこう。

ツアー仲間は８組16名ほどで、退職後の夫婦連れ６組と大会社を退職して子会社に行くという男同志の社友１組、そして奈良から参加という娘さんと高齢の母親１組、それに添乗員の若い女性１名の、総勢17名だった。各観光地には入れ替わり立ち替わり現地のガイドが案内してくれた。現地ガイドの中ではウルムチの、漢人ではない顔をした若い女性の日本語に感心した。話を聞けば、日本語はウイグル語と語順が同じなのでラジオ講座で学んだと言っていた。妻はこのウイグル人に紙きれにサインをしてもらって大事そうにして私に見せていた。

余談になるが、この旅は和気あいあいで帰国後、大阪梅田の店でツアー客のカメラマンのビデオ鑑賞や写真の交換等で大いに盛り上がるという打ち上げ会が有志によって催された。

ツアー客の中に石のコレクションをしているという京都の大会社の役員を退職された方が

いて、小さなお店に飾ってあった高さ、巾20〜30㎝のピンク色の珊瑚《さんご》を、交渉して5万円で土産として買われた。私は5万円程が旅の小遣いだったから、石好きの私には何とも羨ましい買物を目《ま》の当たりにした。

鳴沙山《めいさざん》に到着して、さあラクダに乗って月牙泉の方に行こうとした時、二人ほどの女性がトイレに行きたいと言った。すると現地ガイドは少し離れた場所に女性をみんな集めて輪をつくり見張りをさせ、その中で用を足しているらしかった。

ホテル敦煌賓館での夕食は二つの円卓を囲み、敦煌の食材を生かした特別料理が次々と出てきた。中華料理とはおよそ縁の遠いもので、どちらかというとチベット料理に近いかもしれない。「敦煌烤鴨《カオヤ》」（敦煌ダックの料理）「陽関活魚」（南湖の鯉煮料理）「雪山駝掌」（ラクダの料理）「名山大棗」（鳴沙山で採れる大きなナツメ）等、食べ慣れない料理だった。中でもラクダ料理は祁連《きれん》山脈の万年雪と砂漠のラクダをあらわす料理だったが、これはラクダの足ですと聞いて誰も手をつけなかった。誰か食べてみて！の声に私は食べてみようとした。横にいる妻は私の袖を引いた。自慢話や話にエンジンがかかるといつもこの調子だから慣れていて気は使わないことにしている。豚足《トンソク》に比べあまり美味ではなかった。私はあちこちの旅行でゲテ物と呼ばれるものをいろいろと食した。中国でこれはいけると思ったのは、サソリの空揚げくらいで、オーストラリアでは鳥のエミューの料理がおいしかった。あとはこれと言ったものはない。香港では野鳩の丸焼きがでてきた。香港在住だった親友は客人は頭のところを食べるのが通例になっているといった。私は海外旅行を続けていたが、途中からこのゲテ物食いの挑戦は止めることにした。

ウルムチよりトルファンは貸切バスにて移動した。今回の旅は一番東のウルムチに先に行って西へと移動する順路だった。バスはゴビ灘《タン》の中を、雪をかぶった天山山脈を眺めながら走っている。所々に石ころを積んだような盛り土が見えた。ガイドに聞くと墓だという。さすが荒涼たる土地、わが国のような墓の常識を遥か超えている。何処へでも埋めてよいが、風水※だけをよく調べて埋めるという。

奈良から来ていた高齢の女性からこんな質問がでていた。「沙漠と灘《タン》はどんな違いがありますか」の問に「沙漠は砂が細かく小石等はなく、灘は砂礫《されき》（砂と砂利）で所々大きな石ころもごろごろしています」

この方、元学校の先生で高齢にもかかわらず、バテもせず好奇心も知識欲も中々旺盛だった。

旅のお土産

お土産に「飛天の創作絵画」と「夜光杯《やこうはい》のセット」を買った。

飛天は敦煌のシンボルで街中に大きな飛天像が人目をひいている。確か敦煌博物館の売店で買った。敦煌博物館は小さいけれど、好感がもて蔵経洞に残されていた教典の写本等が展示されている。他ではシルクロードの都市ならではの数々の展示品もある。

莫高窟で飛天を見たが、私のイメージとはかけ離れており、この絵はイメージ通りなので気に入り、今でも仏間に飾っている。

飛天は仏教美術にしばしば登場する。

風水（ふうすい）　陰陽道で、墳墓の地を占い定める術

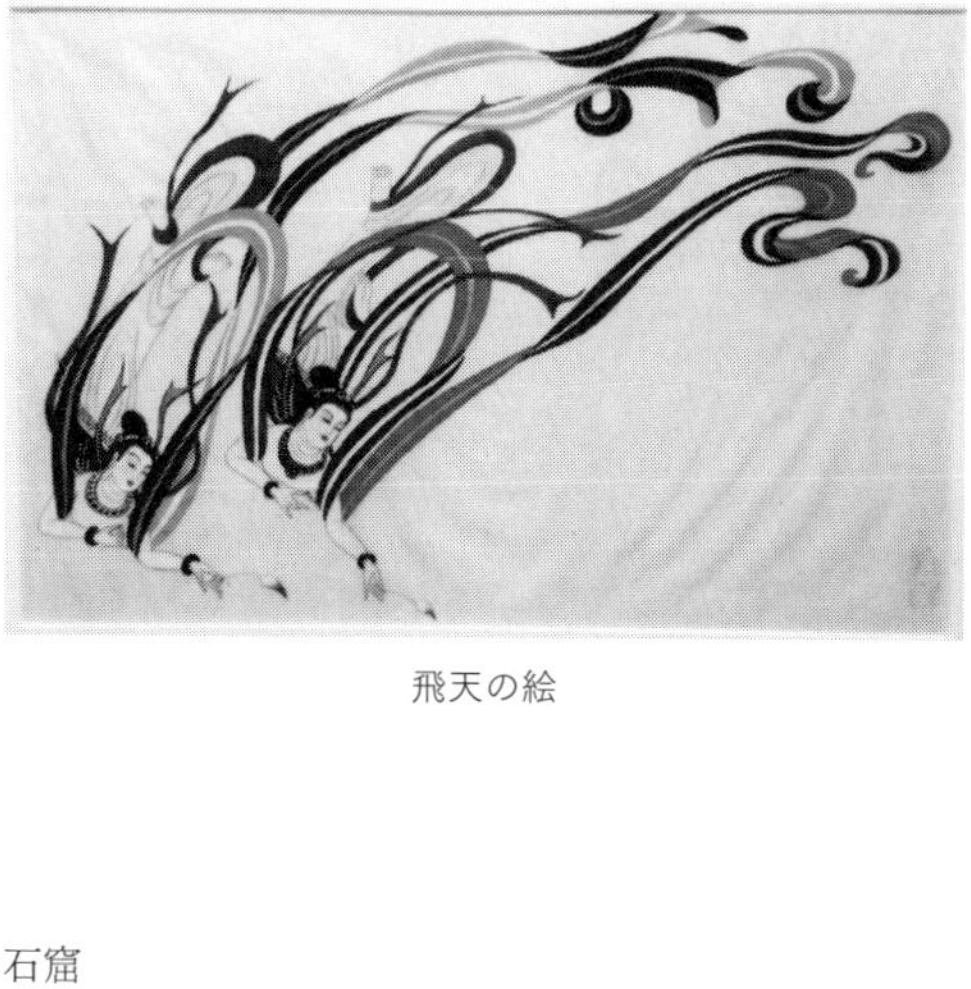

飛天の絵

「空を飛ぶ人物」で男性形と女性形がある。女性形は東洋方面に伝播する過程で飛天から天女へと変化して羽衣《はごろも》と衣服で空を飛ぶとされた。わが国では静岡の三保の松原の「羽衣伝説」が有名である。

私は韓国駐在時、日曜によくソウル市内のぶらぶら歩きを楽しんだ。今は壊されてなくなったが「朝鮮総督府」の立派な建築物があり、玄関の天井に鮮やかな天女が描かれていた。その当時（１９８４年）からここを壊す計画があって、「天女は日本の伝説だ、ケシカラン」の大衆の意見に、学者たちは天女は日本の伝説ではなく、朝鮮半島にもある、と強調していたのを思い出している。

夜光杯はシルクロード酒泉《しゅせん》（チュウチュエン）の特産品であり、ここには夜光杯の工場もある。祁連《きれん》山脈から掘り出した夜光玉という原石から手作業の工程も入れて出来あがっている。黒に近い濃い緑から透けるような淡い緑まで、同じ夜光杯でもさまざまな色や自然の紋様がある。透き通った部分に暗い所で光を受けるとキラリ、キラリと光る。帰国後何回か、この杯でワイ

夜光杯

ンや日本酒を飲んでシルクロードの旅を思い出していたが、今はサイドボードに静かに陳列されたままである。シルクロードの懐かしいアルバムに、かつての文学少女であった妻弘子が漢詩を夜光杯の写真の横にかきとめている。

涼州詞

葡萄美酒夜光杯
欲飲琵琶馬上催
酔臥沙場君莫笑
古来征戦幾人回

涼州の詞　王翰《おうかん》

葡萄《ぶどう》の美酒　夜光の杯
飲まんと欲して琵琶馬上に催《うなが》す
酔うて沙場《さじょう》に臥《ふ》すとも君笑うこと莫《な》かれ
古来征戦　幾人か回《かえ》る

おわりに

さほど文才のない私が石の三部作を書き綴り、それ以前に出版していた五冊と併せて、八冊もの自費出版をすることになり喜びに感無量である。

特に石の三部作は全国の本屋の片隅に置いて頂き、そんなに売れたとは言い難いが、「アマゾン」や「楽天」の通信販売も合わせて、全国を一人歩きしていったことは事実である。

私の大先輩がある時、しみじみと語った。

「もう少し早く文筆家としてスタートしていたら、もっと違った展開になっていたかも……」と、少し残念そうな顔をしながら私に話された。しかし、しかしだ。趣味の延長としてやっていて、金儲けをする為に出版していないので、さほど売れ行きとか名誉に神経を使わずに済むことになった。

八冊も出版できる原動力が私の何処に潜んでいたのだろう。もう、かれこれ70年もの歳月が流れ去っているので、今更自慢話と受け取らないでほしい。―栴檀《せんだん》は双葉《ふたば》より香《かんば》し―という言葉があるが、話は小学校五、六年生頃にさかのぼる。兵庫県下の学力の地域偏差を調べるためだったろうと思うが、一斉学力試験があった。何科目かの中で国語の成績が県下で10番以内に入っていたと受持ちの先生より聞いたことがあった。その時はあまり嬉しく思わず、両親に話していなかったように思う。その頃日記をつけるのが楽しみで、面白い文章には朱で◎◎又は○○等を先生がつけてくれた。それが楽しくて仕方がなかった。

やがて受験勉強の時代になったが、当時は『文学全集』の小説ばかり読んでいた。受験勉強の要領も悪く、苦手科目に数学があったこともあり、一浪することになった。一浪しても学力は伸びず、やっとのことで関学に入学することになった。

関学に入学して驚いた。何と新しい友達の性格の明るいこと、すっかりこの学院が気にいり四年間で浪人時代の暗い性格が明朗闊達に変貌していった。

今回の『石たちの棲《す》む風景』の内容について少しふれておきたい。

「石と蟬と老い」は、私の田舎での小さい頃の思い出や老いの心境を語っている。

「石の民話を訪ねて」の項について。「出っぱり石のおんがえし」は数ある兵庫県の民話の中でも、私は折り紙付きのものだと思っている。「小さな宝の臼」は数ある世界中を駆け回っている〝海の水は何故塩からい〟の代表作の一つだと私は考えている。

怪奇幻想小説「あの世の門番」は、数年前から故里を舞台にして構想をあたためていたもので、相撲取りの若造を主人公にして書くと、意外にすらすらとペンは走った。

「物語に出会う旅」は、『別冊關學文藝』に掲載した紀行の中から物語に特記して書き改め、追記もしている。

臼杵の石窟は「真名野長者伝説」に、中国の石窟は井上靖の代表作『敦煌』に焦点をあてて書き進めていった。読者の反応が気になる箇所でもある。

最初の『雲流れ草笛ひびき馬駆ける』から今回の『石たちの棲む風景』迄、終始一貫、面倒を見て頂いた恩師に倉橋健一氏がある。邂逅《かいこう》あれば、こそである。師は詩人で文芸評論家であるが、私に対してはかつての田辺聖子等を輩出した「大阪文学学校」の教師の頃を多分に彷彿させて、厳しい一面もあった。私にはよく目をかけて頂き『倉橋健一選集４』「解説・題文　俳句・短歌・エッセイに寄せて」の項で私の処女出版（前述）と二冊目『目に青葉時の流れや川速し』の解説が掲載されている。

もう一人の師は昨年（令和２・11・20）旅立たれた放送作家、ユーモア作家の織田正吉氏（本名・構恒一）で、父方の従兄弟ということもあって、何かにつけ目をかけて頂いた。私の田舎の家の近くに疎開されていた頃に、もらい湯に来られ、いつも一緒に風呂に入っていたのを懐かしく思い出される。また晩年は何回となく神戸六甲台の自宅に訪問し、時間のたつのを忘れ文学談義に花を咲かせたり、私の作品に対して辛口の批評を聞くのも楽しかった。

高校、大学時代のクラスメイトを初め、多くの文芸仲間の方々に励ましの言葉や参考になる話を頂いた。持つべきものは友である。友という漢字は倒れかかっている人を支えあっていると言われている。その通りで多くの友人を持つことは人生を歩む上で大事なことだ。

最後に、出版社の松村信人氏、装幀の森本良成氏、データ作成の山田聖士氏に謝辞を述べ、出版のしめくくりの挨拶とさせて頂きたい。

令和三年コロナ禍終息に近い頃に

二〇二一年　齢八十三歳を迎える六月のよき日に

さらなる明日へ、落山泰彦さん
――『石たちの棲む風景』に寄せて

倉橋　健一

この本の「あとがき」を落山泰彦さんはこんなふうに書きはじめている。「さほど文才のない私が石の三部作を書き綴り、それ以前に出版していた五冊と併せて、八冊もの自費出版をすることになり喜びに感無量である」

そうか、もう十年もたったのかと、日の経つのが早いことに、私も私なりの感慨をふくめて思わざるをえない。

それにしても、今回のこの本でもう八冊になるのは、ここまで熱中できたとは、当初は本人もまるで思っていなかったろう。それにしても文字表現の世界は面白い。こうして過ぎ去りゆく日々にあって、折々思いつめた思念の数々が、そのまんまで残されていくのだから。いつか肉体は一過性のうちにあってかならず最後を迎えるが、刻み込まれた文字は残る。千年前の『源氏物語』の紫式部が書きつけたまんまのかたちで、今、私たちが読めるように。

十年（私と知りあって十三年）に八冊とは、それにしても早いテンポであるが、前著から今回のこの一冊にいたるまでには二年半を要した。この間に落山さんは糟糠の妻に死に別れるという悲運に見舞われた。長く病床に付き添っての永遠の別れだった。おまけに連れあいの死の前後から脊柱菅狭窄症を病み、歩行もままならぬままに苦しんだ。そのあいだにもせっせと書き溜めての今回のこの成果だから、あれこれいう前にここは誰にもある人生の大義として、まずは祝福すべきだろう。憂に染まらぬ落山さんを見ていると、高齢化社会にあって、ぜひともこういう人生にこそ肖《あやか》りたいと思わない人は居ないだろう。そんなあれやこれやをふくめて、まずは心から祝福したい。落山えびす健在の証拠として祝福したい。

その上で、この落山さんの書く行為にはじめからかかわりあってきたひとりとして、ふたりのあいだにあった近々の問答を少々記しておきたい。

じつをいうと、今度この本のゲラ刷りを見てびっくりした。というのも、今回に関しては、連れあいの死別ということもあって、私のほうに多少なりとも追悼作品集になるものという思いがあったからである。そこで注文をつけておいた。旅に関する文については、夫人と同行のばあいを選んで、なるべく対話を入れて、つまり遺跡などまのあたりにした段階では感想をのべあうかたちを取ること。そこで例として、堀辰雄の日記体でかつ妻にあてた形をとっている『大和路』の手法をあげた。もっとも酒席でいっただけだから、ここは『風立ちぬ』(こちらは看病で付き添った許婚《いいなずけ》が死んだあと、その許婚に語りかける回想形式になっている)をふくめて、十分には伝わらなかっというほうがほんとうだろう。結果的にはインド・ネパールの旅のなかで「妻との会話より」として入るだけになってしまった。ここは内容的にはちょっとちがうが、落山さん自身の文についても、過去に面白い先例があって、四冊目の「台湾旅日記」は囲碁仲間を誘ってのみずから案内役の旅だったことから、その分仲間内のやりとりもあって、深みのある読み応えのあるものになっている。と、これなど方法として、今回積極的に取り入れてほしいと思ったのだった。と、いろいろ書いているが、ここはまあ積み残しとして、そのまま九冊目の課題として残しておいていいだろう。今回、この本には前序もあって、ここではいかに面白く読んでもらえるか、いろいろ工夫したとあるが、工夫とはたんなるテクニックではなく、作品として自分の方法をしっかり身につけることでなくてはならない。

と、いろいろ注文もつけているが、十年間で八冊という驚異的なエネルギーをふくめて、まずは達成を心から喜びたい。その上で、おーい落山よ、さらに奮戦して、草笛ひびかせ馬駆けるごとく、さらに駆けつづけようではないか。

二〇二一年　雨月《プリュビオーズ》

参考図書一覧

『仏教辞典』第二版　中村元《はじめ》 他 編集　岩波書店
『仏教大辞典』　古田紹欽 他 監修　小学館
『ひょうご幕末維新列伝』　一坂太郎　神戸新聞総合出版センター
『聊斎志異《りょうさいしい》』（上）（下）　蒲松齢《ほしょうれい》 作　立間祥介 編訳　岩波文庫
『石の宗教』　五来重《ごらいしげる》　講談社文庫
『鷲ヶ峰物語』「万治の石仏」　新田次郎　講談社
『全世界史』（上・下）　出口治明　新潮社
『三島由紀夫全集』（25）　新潮社
『アンコール・ワットと私』　石澤良昭　連合出版社
『世界の歴史と文化　インド』　辛島昇 監修　新潮社
『仏教を読む』　上山大峻　本願寺出版社
『お経で読む仏教』　釈徹宗　ＮＨＫ出版
『インド仏跡ガイド』　桜井俊彦　法蔵館
『深い河』　遠藤周作　講談社
『深い河創作日記』　遠藤周作　講談社

『ブッダ最後の旅』 中村元 訳　岩波文庫
『新イスラム辞典』 平凡社
『イスラム王朝の物語とその建築物』 宮原辰夫　春風社
『イスタンブールとトルコ大地』 トゥファン・トゥランル　日本語訳 小沢桂子　ダイヤモンド社
『トロイア　─最新の研究成果─伝説と神話に彩られた古代都市』 日本語版
　文・写真アフメット・トスン　翻訳 津本英利　出版・印刷 uzman Matbacilic San. Tice Ltd Sti
『イリアス』〔上・中・下〕 ホメーロス　呉茂一 訳　岩波文庫
『古代への情熱─シュリーマン自伝』 シュリーマン　関楠生 訳　新潮文庫
『シュリーマン　黄金発掘の夢』 エルヴェ・デュシェーヌ 著　青柳正規 監修　創元社
『─美術文化シリーズ─　臼杵石仏』 谷口鉄雄　中央公論美術出版
『入門・古風土記』（下） 水野祐　雄山閣出版
『─謎秘める臼杵石仏─　石仏は何を語るか』 宇佐美昇　石仏観光センター
『定本　柳田國男集』「海南小記」 筑摩書房
『石仏を歩く』 監修 庚申懇話会　日本交通公社
『臼杵石仏─よみがえった磨崖仏』 賀川光夫 編　吉川弘文館
『中国歴史文化事典』 主編 孟慶遠　新潮社
『ＮＨＫスペシャル　新シルクロード（３）』「天山南路・敦煌」 ＮＨＫ出版
『敦煌』 井上靖　講談社

『敦煌』　井上靖　徳間書店
『敦煌』　井上靖　新潮社文庫
『西域をゆく』　井上靖・司馬遼太郎　文春文庫
『井上靖全詩集』　井上靖　新潮文庫
『シルクロード旅ノート』　陳舜臣　中公文庫
『大英博物館―芸術と人間』展図録　日本放送協会　朝日新聞社
『さまよえる湖』(上)(下)　ヘディン著　福田宏年訳　岩波文庫
『中国歴史の旅』上・下　陳舜臣　徳間文庫
『仏の道絹の道』　山崎脩　写真・文　京都書院
『中国シルクロードの本』　近畿日本ツーリスト
『シルクロード紀行　NO.1』　朝日新聞社

落山 泰彦（おちやま やすひこ）

1938年（昭和13年）兵庫県神崎郡神河町吉冨に生まれる。
兵庫県立福崎高校卒、関西学院大学商学部卒。
㈱帝国電機製作所（東証一部上場）の役員を退任後、
文筆活動を続けている。

著書 『雲流れ草笛ひびき馬駆ける』（2011年2月）㈱澪標
『目に青葉時の流れや川速し』（2012年7月）㈱澪標
『花筏乗って着いたよお伽の津』（2013年12月）㈱澪標
『へこたれず枯野を駆ける老いの馬』（2015年4月）㈱澪標
『蚯蚓鳴く今宵はやけに人恋し』（2017年6月）㈱澪標
『石語り人語り　石や岩の奇談をめぐって』（2018年12月）㈱澪標
『石を訪ねて三千里』（2019年12月）㈱澪標

現住所 〒659-0035 芦屋市海洋町12番1-418号

石たちの棲《す》む風景 ―物語に出会う旅―

二〇二一年六月十六日発行

著者 落山泰彦
発行者 松村信人
発行所 澪標《みおつくし》
大阪市中央区内平野町二-三-十一-二〇三
TEL 〇六-六九四四-〇八六九
FAX 〇六-六九四四-〇六〇〇
振替 〇〇九七〇-三-七二五〇六
印刷製本 亜細亜印刷株式会社
DTP 山響堂 pro.